COFIO EIRUG

Eirug

Torraist dy gŵys naturiol – a'i dirwyn
Hyd erwau amrywiol,
Beunydd yn annibynnol –
Ei dirwyn hi heb droi'n ôl.

Yn dynnwr coes yr oesau, – yn ddewin
Diddiwedd dy gampau,
Yn fur o hyd i'n hiaith frau,
Yn gawr wrth drafod geiriau.

Er y boen a'r dihoeni, – er y gwae
Cyn llwyr gau o'r llenni,
Dôi'r hyder a'r direidi
Yn olau drwy d'oriau di.

Ifor Baines

Cofio Eirug

gol. Emyr Llewelyn Gruffudd

Argraffiad cyntaf: 2004
℗ Hawlfraint: Gwenda Wyn, yr awduron a'r Lolfa Cyf., 2004

Mae hawlfraint ar destun a lluniau'r llyfr hwn ac mae'n anghyfreithlon
i'w llungopïo neu atgynhyrchu trwy unrhyw ddull (ar wahân i bwrpas
adolygu) heb ganiatâd ysgrifenedig y cyhoeddwyr ymlaen llaw.

ISBN: 0 86243 754 7

y Lolfa

Cyhoeddwyd ac argraffwyd yng Ngymru gan:
Y Lolfa Cyf., Talybont, Ceredigion SY24 5AP
e-bost ylolfa@ylolfa.com
gwefan www.ylolfa.com
ffôn +44 (0)1970 832 304
ffacs 832 782
isdn 832 813

Cynnwys

Cyflwyniad – Emyr Llewelyn Gruffudd	7
Rhagair – Gwenda Wyn	11

Atgofion y Teulu   15

Dad – Dwynwen	16
Atgofion Tin-y-Nyth – Rhiannon	23
Atgofion Chwaer Fawr – Nia	29
Atgofion Chwaer Fach – Mari	37
Y Cefnder – Berwyn Morris	41
Y Brawd yng Nghyfraith – David A. Pretty	43
Yr Ewythr Unigryw – Guto Williams	

Dyddiau Deiniolen   51

Dyddiau Difyr – John Wyn Roberts	52
Y 'Language Society Green' a Lliwiau Eraill – Alwyn Ifans	58
Y Platiau 'D' a 'Steddfod y Mileniwm – Dafydd Meirion	63

Caerfyrddin   67

Yr Ymgyrchwr Llawen – Terwyn Tomos	68
'Côt y Chwyldro…' – Tecwyn Ifan	72
Coleg a Cherddi – Iwan Morgan	74
Nabio'r Lleidr – Dai Protheroe Morris	78

Cyfeillion   79

Teyrnged i Eirug – Elfyn Llwyd	80
Cofio Cyfaill – Emyr Llywelyn	89
Eirug Wyn, 53 – Gwilym Tudur	95
Y Ffatri Drygioni – Robat Gruffudd	103
Y Wên Ddrwg – Myrddin Ap Dafydd	108
Rhyw Ddarn Bach yn Llanrwst – Geraint Jones	113

Eirug Hael – Ieuan Wyn	116
"Syniad Twp, Mr Wyn!" – Gwion Lynch	117
Tro Tri Chymro ar dir y Gwyddel Gynt – Robat Trefor	121

'Y Pentan', Caernarfon — 125

Y Dyn yn y siop Hefo Mwstash – John C Jones	126
Bwydo'r Parot – Eleri Roberts	129
Gweithio yn 'Y Pentan' – Nan Wyn	131

Cymdogion — 133

Watsus, Cŵn Poeth a Chowbois! – Dafydd Owen	134
Eirug Wyn a Brinks Mat – Brian Owen	143
Eirug yn Harrods – Meinir Owen	144
Eirug Wyn yn y Groeslon – John Roberts	145
Colli Ffrind a Thalu'r Ddyled – Marian Roberts	149

Amrywiol — 153

Cardiau Post Anno Gôto – Meilir Owen	154
"Y Wiwer, Gelert a'r Jagiwar…" – John Ogwen	156
Clamp o Wyliau – Lis Jones	161
Yncl Eirug – Y Dyn Deud Storis – Dyfrig Jones	163
Y Dyn Gorau'n y Byd – Eirug Wyn	165
Llun yn Llanelli – Arwyn Roberts	167
Y Prif Lenor – Nia Wyn Roberts	169
"Tyd Adra, Fama 'di dy le di!" – Manon Llwyd	171
Cyfres o Lythyrau – Manon Rhys	174

Teyrngedau'r Beirdd — 179

Stwff Y Stomp — 187

Coron Eisteddfod yr Urdd — 195

CYFLWYNIAD
Emyr Llewelyn Gruffudd

Mae gan bob plentyn arwr neu arwres, ac mae 'na rai sy'n ddigon ffodus i gael eu cyfarfod. Roeddwn i'n fwy lwcus na hynny. Roedd arwr fy mhlentyndod i yn byw y drws nesaf i mi yn Neiniolen, ac os mai ceffyl a *Colt 45* oedd gan arwyr 'Gorllewin Gwyllt' Eirug Wyn, hen Austin 30 a phot paent a hacsô oedd gan fy arwr i.

Dros y blynyddoedd datblygodd Eirug i fod y peth agosaf ges i erioed i frawd mawr, a bu'n ffrind ffyddlon, parod ei gyngor a'i gefnogaeth i mi ymhob peth dwi wedi ei wneud. Braint chwithig iawn felly, ond braint serch hynny, fu cael gwahoddiad i olygu'r gyfrol yma o atgofion amdano.

Nid cofiant mo'r gyfrol, a toes ynddi chwaith ddim astudiaeth na dadansoddiad o fywyd a gwaith Eirug. Yn syml, mae'n gasgliad o straeon amdano gan amrywiaeth eang o bobol oedd yn ei adnabod, a gafodd y pleser o gydweithio hefo fo, o gydymgyrchu hefo fo, ac o dreulio oriau difyr yn ei gwmni. A phrin iawn ydi'r bobol hynny na chreodd Eirug unrhyw argraff o gwbwl arnynt ar ôl iddynt dreulio rhywfaint o amser hefo fo.

Ganed Eirug Wyn ym mhentref Llan, ger Llanbryn-mair ar Ragfyr yr 11eg, 1950, yn fab i'r Parch. John Price Wynne (o Bandy Tudur yn wreiddiol) a Mrs Eunice Wynne (o Gefneithin). Roedd yn un o bedwar o blant y Mans, a fo oedd yr unig hogyn. Ei chwiorydd oedd Eleri, Nia a Mari.

Symudodd y teulu i Ddeiniolen ym 1958, ac addysgwyd Eirug yn Ysgol Gynradd Eglwys Llandinorwig ac yna yn

Ysgol Brynrefail, Llanrug. Dyma'r cyfnod y daeth Eirug i sylw cenedlaethol am y tro cyntaf pan ddewisodd osod platiau D ar ei gar pan oedd yn dysgu gyrru.

Ym 1969 aeth Eirug i ddilyn cwrs yng Ngholeg y Drindod, Caerfyrddin, gan dreulio rhan o'r cyfnod hwnnw yn y carchar am ei ran yn ymgyrch Cymdeithas yr Iaith dros arwyddion dwyieithog. Arhosodd yng Nghaerfyrddin ar ôl gorffen yn y coleg, a sefydlu Siop y Pentan yno ym 1972, gyda Wyn Thomas a William Lloyd. Y flwyddyn ganlynol priododd â Gwenda, a buont yn byw yng Nghaerfyrddin tan 1977 pan sefydlodd Eirug Siop y Pentan yng Nghaernarfon a symud i fyw i'r Groeslon. Ym 1977 hefyd y ganwyd eu merch gyntaf, Dwynwen, a dwy flynedd yn ddiweddarach ganwyd Rhiannon.

Dros y blynyddoedd nesaf bu Eirug yn gysylltiedig â sawl busnes neu fenter fasnachol yn yr ardal, gan gynnwys Argraffdy Arfon a Chwmni Cyhoeddi Gwynn ym Mhen-y-groes, Siop Pendref ym Mangor a Chardiau'r Pentan, Memrwn a Gwasg Gwalia yng Nghaernarfon. Bu hefyd, fel y daw'n amlwg yn yr atgofion, yn weithgar tu hwnt gyda sawl mudiad a chymdeithas, yn lleol ac yn genedlaethol.

Daeth tro ar fyd ym 1994 pan fu'n rhaid i Eirug roi'r gorau i'w fentrau masnachol yn dilyn yr achos gafodd ei ddwyn yn ei erbyn fel Golygydd *Lol*. Treuliodd y deng mlynedd nesaf yn gweithio i Ffilmiau'r Bont yng Nghaernarfon yn ymchwilio, sgriptio a chynhyrchu rhaglenni teledu.

Er iddo ysgrifennu a chyhoeddi sawl cyfrol dros y blynyddoedd, y cyfnod hwn a ddaeth ag Eirug i'r amlwg fel awdur llwyddiannus a thoreithiog tu hwnt. Rhwng 1992 a 2004 cyhoeddodd o leiaf bymtheg o gyfrolau. Penllanw'r llwyddiant yma oedd cipio Gwobr Goffa Daniel Owen a Medal Ryddiaith yr Eisteddfod Genedlaethol ill dwy ddwywaith rhwng 1994 a'r flwyddyn 2002. Cyhoeddwyd ei gyfrol olaf, *Y Dyn yn y Cefn Heb Fwstash*, brin bythefnos cyn ei farw ar Ebrill y 25ain eleni.

Ond ffeithiau moel ydi'r rhain. Allai cofnod ddwywaith cyn hired fyth gyfleu maint ei weithgarwch a'i ddycnwch, nac ychwaith ddod yn agos at ddweud wrth neb sut un oedd Eirug. Roedd yn byw â'i droed ar y sbardun trwy'r amser, yn berson cynhyrchiol iawn, yn ysbrydoli ac yn diddanu pawb oedd o'i gwmpas, ac mae'r atgofion sy'n dilyn yn dangos yn eglur faint o feddwl oedd gan ei deulu a'i gyfeillion ohono. Diolch o galon i bawb sydd wedi cyfrannu at y gyfrol.

Diolch hefyd i *Y Faner Newydd* a *Taliesin* am ganiatâd i atgynhyrchu teyrngedau oedd eisoes wedi ymddangos yn y cylchgronau hynny. Diolch i Dafydd Mei, Miss Ann Griffith ac Arwyn Roberts am roi menthyg rhai o'r lluniau i ni, ac i Gwilym Tudur am gyfrolau Derec Tomos.

Diolch i bawb yn Y Lolfa, yn enwedig Lefi Gruffudd, am eu cyngor a'u gofal arferol wrth i'r gyfrol fynd trwy'r wasg, ac i Robat Trefor am ei drylwyredd arferol wrth fwrw golwg ar y deipysgrif. Ar nodyn mwy personol, diolch i Rhianydd am ei hanogaeth a'i hamynedd arferol, ac i Owain ac Elin am ddangos ddiddordeb cyson yn y llyfr am 'Yncl Eirug'.

Mae'n deg dweud na fuasai'r gyfrol wedi gweld golau dydd oni bai am gefnogaeth a chydweithrediad llwyr teulu Eirug, yn enwedig Gwenda, Dwynwen a Rhiannon. Maent wedi bod yn gefnogol o'r cychwyn cyntaf ac wedi bod yn fwy na pharod i helpu ymhob ffordd. Nhw gafodd yr ergyd galetaf o ddigon eleni. Does ond gobeithio y bydd cynnwys y gyfrol yn dangos iddynt faint o feddwl oedd gan y gweddill ohonom o Eirug hefyd, ac y bydd hynny'n rhywfaint o gysur iddynt.

Emyr Llewelyn Gruffudd
Hydref 2004

RHAGAIR
Gwenda

Pan ofynnwyd i mi sgwennu rhagair i'r gyfrol yma roeddwn yn hynod falch gan i mi ei ffeindio hi'n anodd sgwennu fy nghyfraniad personol iddi. Sut ydych chi'n cwmpasu pymtheg ar hugain o flynyddoedd i ryw ychydig gannoedd o eiriau? Buasai angen cyfrol arall!

Gallwn, mi wn, fod yn sôn am yr amser y trôdd Eirug (yn ddiarwybod i mi, wrth gwrs) bob un cloc yn y tŷ – gan gynnwys fy wats – yn ôl awr, gan fy ngwneud yn gynnar iawn i fy ngwaith un bore! Gallwn, hefyd, fod yn sôn am y dyddiau cynnar yng Ngholeg y Drindod, Caerfyrddin, ac Eirug a finnau'n gariadon deunaw oed a'i gymeriad unigryw yn dechrau treiddio drwodd. Cofiaf un noson yn lolfa'r Ceffyl Du a'r lle dan ei sang. Myfyrwyr yn morio canu

Gwenda ac Eirug – 'Sut ydych chi'n cwmpasu pymtheg ar hugain o flynyddoedd i ychydig gannoedd o eiriau?'

caneuon gwladgarol Cymraeg gan ei bod ychydig fisoedd wedi'r syrcas o Arwisgiad yn '69. Daeth un o hogiau'r dre i mewn a thaflu peint dros Eirug a rhegi arnom a'n galw yn 'Nashis' a 'Hambôns'. Aeth Eirug i'r bar yn syth a phrynu peint, a finnau'n trio ei ddarbwyllo i beidio â thaflu'r peint dros y llanc. Ond na, nid dyna ei fwriad! Rhoddodd y peint i'r hogyn yn lle'r un oedd wedi ei luchio. Ymunodd yr hogyn yma hefo ni yn yr hwyl ambell i noson wedyn!!

Yn ystod yr wythnosau wedi ei farwolaeth bu llu o bobl yn ymweld â ni i ddangos eu cydymdeimlad, ac ar adeg mor drist deuai chwerthin mawr o gyfeiriad ein tŷ haul wrth i bawb adrodd eu hatgofion a'u straeon eu hunain amdano. Roedd rhai wedi mynd yn angof a braf oedd eu clywed unwaith eto; roedd eraill nad oeddwn wedi eu clywed o'r blaen!

Ychydig ddyddiau ar ôl yr angladd cafodd criw y syniad o gasglu rhai o'r atgofion ynghyd i greu cyfrol er cof ac fel teyrnged iddo. A diolch i Emyr am ei ymroddiad i sicrhau ei bod yn gweld golau dydd. Dyna sydd yn y gyfrol – storïau a theyrngedau sy'n ymestyn o'i blentyndod drygionus i ddyddiau cythryblus, protestgar y coleg; trwy flynyddoedd sefydlu busnesau Cymreig hyd at y blynyddoedd diwethaf fel awdur cynhyrchiol. Oherwydd ei bersonoliaeth, roedd Eirug wedi gwneud llawer o ffrindiau a chysylltiadau ar hyd y daith. Roedd Eirug ei hun wrthi'n ysgrifennu rhyw lun o hunangofiant yn ystod ei flynyddoedd olaf, felly pa ffordd well i'w gofio na thrwy lygaid y rhai agosaf ato? Aeth amser yn drech nag ef; ond ddim yn drech na'r argraff a greodd ar deulu a ffrindiau.

Cawsom fel teulu sioc bleserus gyda'r nifer o deyrngedau a roddwyd iddo ar y cyfryngau ac yn y wasg wedi ei farwolaeth. Mae'r cannoedd o gardiau a llythyrau a gawsom fel teulu yn dyst i'w boblogrwydd, yn ogystal â'r swm anrhydeddus a gasglwyd er cof amdano tuag at Ward Alaw, Ysbyty Gwynedd, ac Antur Waunfawr. Buasai wedi bod mor falch! Brwydrodd yn ddewr, yn siriol a di-gŵyn drwy gydol ei salwch a wynebodd ei farwolaeth yn yr un modd. Roedd yr hiwmor yna hyd y diwedd a bu'r pedwar ohonom yn chwerthin hyd yn oed wrth iddo drefnu ei angladd ei hun.

Bellach mae'r chwerthin wedi pylu wrth i ni sylweddoli maint ein colled a'n hiraeth amdano. Cawsom fel teulu flynyddoedd maith o hwyl a thynnu coes. Cawsom gwmnïaeth gariadus a ffraeth, cefnogaeth feddylgar a hael. Roedd yn ŵr a thad heb ei ail a diolch amdano. Bydd bwlch enfawr ar ei ôl a thybiaf y bydd y gyfrol hon yn deyrnged haeddiannol iddo.

Gwenda Wyn

ATGOFION Y TEULU
'Y Dyn Gorau'n y Byd' yn y 'Sun'!

DAD
Dwynwen

AWDUR, DYCHANWR, dyn busnes, gwladgarwr, ffrind, cymwynaswr, cefnogwr *Man U*... dim ond rhai o'r geiriau a ddefnyddiwyd i ddisgrifio Dad yn dilyn ei farwolaeth annhymig. Tydi hi ddim yn hawdd meddwl am un gair i'w ddisgrifio, roedd yna gymaint o agweddau gwahanol i'w gymeriad. Yr unig air sydd yn llwyddo i gwmpasu'r hyn oedd o yn ei olygu i mi ydi... wel... Dad!

Dyma'r dyn oedd yn torri ein tost ni i siâp tŷ bob bore; yn dysgu cerddi R. Williams Parry i ni yn y bath gyda'r nos; yn ein ffonio ni o'r siop ar ddiwedd y dydd i ofyn i ni roi ei slipas o flaen y tân fel eu bod yn gynnes erbyn iddo gyrraedd adref; ac er mawr gywilydd i ni, yn gofyn i unrhyw ffrindiau i ni oedd yn galw draw i afael yn ei fys. Wrth iddyn nhw wneud hynny, roedd o'n taro'r rhech fwyaf annaearol!

Rhwng y gwahanol fusnesau fu ganddo, y pwyllgorau gyda'r nos, y sgwennu, a'i ymroddiad diflino i fywyd y pentref, does dim dwywaith fod Dad yn ddyn prysur iawn yn ystod plentyndod Rhiannon a minnau. Ond er hynny, dydw i erioed wedi teimlo nad oedd o yno i ni fel tad. Llwyddai i'n cynnwys ni ym mhopeth.

Roedd ein penwythnosau yn cael eu treulio yn un teulu mawr yn y siop – Mam a Dad yn brysur yn gweithio tra oedd Rhiannon a minnau naill ai'n darllen mewn cornel fach dawel yn y cefn, neu'n rhoi teganau bach mewn wyau plastig ar gyfer y parot oedd yn siarad Cymraeg! Yna, yn

'Dyma'r dyn oedd yn torri ein tôst siâp tŷ bob bore, ac yn dysgu cerddi R.Williams Parry i ni yn y bath gyda'r nos'

ystod yr haf roeddem yn cael y pleser o fynd ar dripiau i ddinasoedd mawrion Lloegr i brynu stoc ar gyfer yr eisteddfod, neu'n mynd o gwmpas Cymru yn prynu llyfrau ail-law, yn gwerthu cardiau, a llenwi'r peiriannau *chewing gums* oedd ganddo ar hyd a lled y wlad. Roeddwn i wrth fy modd ar y teithiau hynny, yn chwarae gemau yn y car ac yn gwrando ar storïau fyddai Dad yn eu hadrodd am lefydd hanesyddol.

Byddai hefyd yn ein cynnwys ni yn y gwahanol weithgareddau y byddai'n ymroi iddyn nhw gyda'r nos. Pan oedd o'n cymryd rhan mewn recordiad o *Talwrn y Beirdd* neu *Dros Ben Llestri* byddai Rhiannon a minnau'n mynd hefo fo i'w gefnogi. Pan oedd o'n hyfforddi cwmni drama lleol fe fyddai'n mynd â'r ddwy ohonom hefo fo i'r ymarferion, gan hyd yn oed ofyn ein barn o dro i dro. Yr unig noson nad oedden ni'n cael mynd allan hefo fo oedd nos Iau. Dyma'r noson pan fyddai o, Dafydd Miaw, Dafydd Mei, Twm Inshiwrans a John Chris yn "mynd i weld y dyn ynglŷn â'r ci". Mi gymerodd flynyddoedd i Rhiannon a minnau ddeall mai mynd i'r Goat oedd o mewn gwirionedd!

Fe fu ein bywyd teuluol ni yn llawn hwyl a chwerthin, ac yn amlach na pheidio Dad oedd wrth wraidd hynny. Disgleiriai ei ddireidi, ac fe fyddai wrth ei fodd yn ein tynnu ninnau i mewn i'r direidi hwnnw. Yn ystod Eisteddfod Abergwaun ym 1986 roedd Mam yn edrych ar ôl y siop yng Nghaernarfon tra oedd Rhiannon a minnau yn helpu Dad yn y stondin ar y maes. Un bore fe eglurodd Dad wrtha'i fod ganddo broblem -roedd wedi rhoi un o'n ticedi ni i Emyr, ei gydweithiwr. Roedd hynny'n gadael dau diced rhwng y tri ohonom. Wrth gwrs, roedd gan Dad gynllun, ond roedd o angen fy help i medda fo. Fyswn i, yn ferch fach naw oed, yn fodlon bod yn rhan o'r cynllun? Roeddwn i yn fwy na pharod!

Felly dyma'r tri ohonom yn ymlwybro drwy'r mwd a'r glaw am y fynedfa i'r maes. Wrth y fynedfa dyma Dad yn estyn ei diced ac yn troi at y ddwy ohonom ni a gofyn i ni roi ein ticedi i'r swyddog. Fe estynnodd Rhiannon ei thiced hi o boced ei chôt, a dyma dad yn troi ata i yn ddiamynedd a dweud:

"Tyd Dwynwen, does genno ni ddim drwy'r dydd!"

A dyma finna (yn rhoi'r perfformiad gora fedrwn i!) yn dweud mewn llais bach bach, "Dwi di anghofio fo."

Dyma Dad yn gollwng ochenaid fawr ddramatig a dechrau chwilio ym mhocedi fy nghôt tra oedd o'n bytheirio (ac yn goractio yn fy marn i!):

"Ma'n rhaid i chdi fod yn fwy gofalus, Dwynwen. Ti YN sylweddoli y bydd rhaid i'r TRI ohono ni gerdded yn ôl drwy'r GLAW i ben PELLA'R cae carafanau i nôl y ticed wyt TI wedi ei ad…"

Ond chafodd o ddim gorffen. Mi ofynnodd y swyddog iddo beidio bod mor llawdrwm ar "y ferch druan" cyn troi ataf fi i ddweud nad oedd rhaid i mi boeni. Roedd am adael i mi fynd mewn heb fy nhocyn!

Flynyddoedd yn ddiweddarach, pan oeddwn i yn ddeuddeg oed, aeth y pedwar ohonom i Lundain am benwythnos hir. Ar ymweliad â *Madame Tussauds* fe ofynnodd Dad i mi dynnu llun ohono yn ymyl y cerflun cŵyr o Margaret Thatcher. Anelais y camera tuag ato ac yntau'n sefyll wrth ei hochor yn gwenu fel giât. Fel yr

'Rhuthrodd un o'r swyddogion ymlaen i geisio ei rwystro, ond roedd hi'n rhy hwyr'

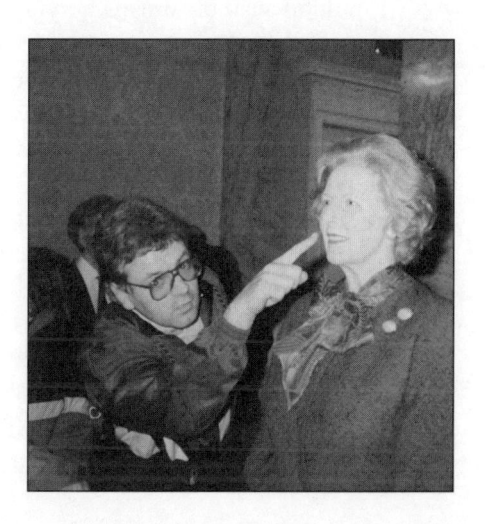

oeddwn i yn tynnu'r llun dyma Dad yn pwyso dros y rhaff oedd o'i chwmpas, a stwffio ei fys fyny ei thrwyn! Rhuthrodd un o'r swyddogion ymlaen i geisio ei rwystro, ond roedd hi'n rhy hwyr. Fe gafwyd ffrae eithaf tanbaid a bu ond y dim i ni gael ein taflu allan, ond fe adawyd i ni gario ymlaen efo'r ymweliad ac fe gafodd y llun le teilwng ar ei ddesg am flynyddoedd wedyn.

Y noson honno aethom i *Leicester Square* i wylio'r ffilm *Look Who's Talking*. Wrth i ni archebu'r tocynnau fe ofynnodd y ferch tu ôl i'r cownter faint oedd oed Rhiannon a minnau. Edrychodd y tair ohonom arno – roedden ni wedi deall yr hyn oedd y tu ôl i'r cwestiwn. Tystysgrif 12 oedd i'r ffilm ac er fy mod i bron yn 13, newydd gael ei 11 oedd Rhiannon.

"*Eleven and ten,*" medda Dad.

Edrychodd y tair ohonom arno mewn braw wrth i'r ferch egluro na allai hi adael i ni fynd i mewn i weld y ffilm. Ar ôl i ni ddod allan o'r sinema gofynnodd Mam pam oedd o wedi dweud peth mor wirion – fe wyddai'n iawn mai tystysgrif deuddeg oedd i'r ffilm. Dyma yntau yn egluro ei fod wedi llwyr anghofio hynny ar ôl gweld arwydd oedd yn dweud fod plant dan 12 yn cael mynd i mewn am hanner pris! Bu'n rhaid i'r pedwar ohonom gerdded milltiroedd i chwilio am sinema arall oedd yn dangos yr un ffilm, dim ond oherwydd fod Dad wedi gweld cyfle i arbed ychydig bunnoedd!

Ond er yr hwyl, y direidi a'r chwerthin, roedd yna ochr ddwys i'w gymeriad hefyd. Ei gryfder fel person oedd ei allu i ddefnyddio ei hiwmor i ymdopi â'r amseroedd anodd. Yn ystod y daith ar y ffordd nôl o Gaerdydd ar ôl colli achos *Lol* roedd pawb yn y car yn hollol dawel. Sylweddolai'r pedwar ohonom oblygiadau penderfyniad y llys. Roedd Dad wedi egluro i ni cynt y byddai dyfarniad yn ei erbyn yn siŵr o olygu bil cyfreithiol anferth ac y byddai perygl i ni golli ein cartref o'r herwydd. Bu'r tawelwch yn llethol tan tua Llanidloes pan gyhoeddodd Dad:

"Wel, byw mewn carafan yn Ninas Dinlle fydd ein hanes ni!"

Dechreuodd y pedwar ohonom chwerthin. Fe dreuliwyd gweddill y daith yn cynllunio ein bywyd newydd yn byw mewn carafan yn Ninas Dinlle yn golchi'n dillad yn y môr, yn mynd i'r gwaith/ysgol ar gefn beic, yn tyfu tatws a moron mewn gardd fechan wrth y garafan, ac yn gwerthu gweddill ein heiddo i Saeson y maes carafanau am grocbris! Erbyn i ni gyrraedd adra efallai fod ein calonnau ni'n dal yn drwm, ond o leia roedd 'na wên ar ein hwynebau.

Chwerthin fu tonig y pedwar ohonom yn ystod ei salwch hefyd. Llwyddodd i wenu drwy'r cyfan, dim ots beth oedd maint y boen neu ddifrifoldeb y diagnosis. Byddai'n aml yn eistedd yn ei wely yn yr ysbyty ac yn torri allan i ganu '*Always look on the bright side of life*'! A phan eisteddodd y pedwar ohonom i lawr i drafod ei angladd a phethau eraill yr oedd eisiau i ni ofalu amdanyn nhw ar ôl ei farwolaeth, fe ddywedodd ei fod yn dymuno i ni roi cyhoeddiad yn *Golwg* yn dweud: "Dymuna Eirug Wyn hysbysu ei ffrindiau a'i elynion ei fod wedi gollwng ei rech olaf!"

Cawsom fywyd teuluol anhygoel o hapus yn ei gwmni ac mae yna fwlch anferth ar ein haelwyd o'i golli. Does dim dwywaith mai ei hiwmor a'i bersonoliaeth hwyliog a'n cynhaliodd ni fel teulu yn ystod yr wythnosau olaf. Yr hyn sydd yn anhygoel ydi ei fod wedi parhau i'n cynnal ni hyd yn oed ar ôl ei farwolaeth. Wrth gwrs ein bod ni wedi colli dagrau, ond yr hyn y mae o wedi llwyddo i'w wneud, drwy ei hiwmor a'i agwedd iach at fywyd, ydi ein galluogi ni i chwerthin hyd yn oed ar adeg mor drist, a chofio dyn mor arbennig gyda gwên o glust i glust.

Teulu Gwynllys, Y Groeslon

ATGOFION TIN-Y-NYTH
Rhiannon

'Fo fabwysiadodd y teitl: "Cwaliti Tada-Taim"'

DW I NEWYDD ORFFEN paentio'r bathrwm. Fi ddaru dynnu'r papur wal, llenwi pob brycheuyn â pholiffila, cyn ei sandio'n ddygn yn null Now a Ned ers talwm, yn barod i dderbyn ei liw newydd. Ac wrth 'neud, mi feddylish i lot am Dad. Pam? Ro'n i'n clywed ei eiriau y tro diwetha i mi beintio stafell yn y tŷ. "Mwya'n byd ti'n paratoi," meddai, "gora'n byd fydd o'n edrach yn y diwadd." Crefft a ddysgodd, wrth gwrs, yn y carchar!

A rhyw betha digrif-od fel'ma sy'n y nharo i – 'tin-y-nyth' fel y'm galwai – o ddydd i ddydd wrth gofio amdano. Adrodd cerddi R. Williams Parry yn y bath, cynnal sgyrsiau ar y *CB's*, rhesiad o dyniau *corned beef* yn y ffrij, tripiau yn y Jag, arogl sigârs a photeli wisgi (y presantau disgwyliedig ar Sul y Tadau), dysgu sgriptiau ffilmiau cowbois, torri sosejis hefo siswrn i ginio yn Siop Pendref, canu caneuon Elvis Presley ar y ffordd i Old Trafford: mae'r pethau sy'n fy atgoffa ohono mor eclectig a gwirion â fo'i hun. Ac er ei bod hi'n anodd edrych yn wrthrychol ar rywun sy'n rhan mor annatod ohona i, mae ei golli wedi dyfnhau'r gwerthfawrogiad o fod yn ferch iddo.

Fel plentyn, allwn i ddim fod wedi gofyn am geidwad gwell. Yn Dad, ond hefyd yn ffrind heb ei ail. Gallai droi gweithred mor bitw â bwyta brecwast yn antur. Fel un gwael am fwyta yn y bore, llwyddai i'm perswadio trwy dorri'r tost yn siapiau gwahanol. Yn fy nisgwyl byddai tost siâp tŷ neu gar, neu seren... ac ar ddyddiau arbennig o *awkward* yn fy hanes, Mr Urdd ei hun! Pethau bach, ond pethau pwysig, chwedl yntau'n ddiweddarach. A byddai'n diweddu'r diwrnod â'r un dyfeisgarwch syml: rwy'n cofio cwffio amrannau trymion i geisio clywed diwedd y straeon gwreiddiol a doniol fyddai'n addurno'n cwsg. Straeon am ei blentyndod drygionus ei hun yn aml, fel y clywais gan Nain ambell dro. Efallai mai'r un dychymyg direidus a'i harweiniodd i adrodd stori yn yr Ysgol Sul am hen fodryb (gas) i'r teulu a gafodd farwolaeth anffodus wrth i *fag-pipes* ddisgyn ar ei phen o gastell Caeredin. Rwy'n cofio ei holi am wirionedd y stori yn y car yn ddiweddarach. A'i ateb? "Wir Dduw i ti, ond cofia di beidio sôn dim wrth Nain, ma' hi'n ypsetio wrth siarad am y peth." Gryn flynyddoedd yn ddiweddarach y dois i adnabod y wên ddireidus-gynllwyngar honno a arwyddai ei fod yn tynnu 'nghoes!

'I'r rhai a ddeuai i'r stondin ar faes yr Eisteddfod, ychydig a wyddent am yr ymchwil trylwyr a wnaed i apelio at blant'

I'r rhai a ddeuai i'w stondin ar faes yr Eisteddfod, neu ym marchnad Porthmadog, ychydig a wyddent am yr ymchwil trylwyr a wnaed i sicrhau eu bod yn apelio at blant. Yn gwta wyth oed, roeddwn yn cael fy nhywys trwy warwsus teganau a geriach yn Leeds, Manceinion a Lerpwl. A'm gwobr am fy 'marn arbenigol'? Anrhegion a sylw arbennig gan berchnogion y busnesau. (Rheiny oedd i *fod* fy ngwahardd oddi yno, ond a ddywedai – â winc wrth fy ngweld i'n cyrraedd yn gynffon i Dad – "*I see you've brought your 'Financial Advisor' with you again, Mr Wyn.*") Un fel'a oedd o; yn llwyddo'n rhyfeddol i'n cynnwys ym mhob agwedd o'i waith a'i fywyd: boed yn brisio llyfrau, yn wasanaethu yn y siop, yn bacio cardiau, yn lyfu amlenni, yn deipio, yn ateb ffôn, yn olchi ceir, yn hel gwair neu yn nôl ei slipas i'w cynhesu o flaen y tân. (Y cyfan am gyflog anrhydeddus, wrth gwrs!)

Yn ddiweddarach llwyddodd i danio 'niddordeb mewn pêl-droed, ac yn arbennig felly yn nhîm *Man U*. Yr amseroedd hynny a fabwysiadodd y teitl, 'Cwaliti Tada-Taim'. Magodd y tripiau hyn eu harferion a'u cymeriadau eu hunain: sleifio i le'r 'byddígs' i gael bwyd blasus am ddim, ffugio 'herc' er mwyn cael osgoi'r cannoedd o risiau i'n seddi, a'r cyfan yn ddihangfa hwyliog i ddyn prysur yng nghwmni ffrindiau o gydgefnogwyr. Un tro, rwy'n cofio iddo bwyntio at floc o fflatiau uchel nid nepell o'r cae, gan ddatgan, "Ma'n rhyfadd meddwl y bysa pobol Groeslon i *gyd* yn gallu byw yn y tŵr yna." "Naf'sa tad!" medda finnau'n chwim. "Bysa!" meddai yntau wedyn, cyn mwydro rhyw fformiwla fathemategol oedd yn cadarnhau ei ddadl. Minnau'n herio ei ddamcaniaeth, nes i'r dadlau gwirion droi'n chwerthin. Ond ni chafwyd cyfaddawd! Dyma un arwydd o'i ddyfalbarhâd a'i styfnigrwydd o (a minnau, mi dybiaf!), oherwydd o hynny ymlaen (am oddeutu chwe blynedd), *bob* tro y gwelai'r cyfryw fflatiau ar y gorwel, byddai'n edrych arnaf yn heriol, cyn dweud, "Bysa tad!" Erbyn y blynyddoedd olaf, roedden ni hyd yn oed wedi anghofio pwy oedd yn dadlau dros ba achos, ond byddai gwên atgofus yn dod i'n hwynebau wrth basio'r bloc di-lun hwnnw ym mherfeddion Salford. Yr un wên o gydnabyddiaeth a ddaethai i'w wyneb pan fyddem yn pasio trwy dwnel Conwy, wedi i mi chwalu ei annwyl BMW yn gonsartina un tro ar y ffordd adref o gêm Ewropeaidd, ond stori arall ydi honno…

I amryw, roedd yn awdur toreithiog, yn genedlaetholwr tanbaid, yn anarchydd, yn *entrepreneur*, yn ddychanwr, yn glown (a godai gywilydd yn aml!) ond un peth sy'n sicr, doedd bywyd byth yn ddiflas yn ei gwmni. Roedd wastad yn gwneud, ar fin gwneud, neu wedi gwneud rhywbeth. Toedd o ddim bob amser yn gorffen popeth (patio yr ardd?!), ond roedd ei fwriad a'i ymroddiad yn ddidwyll. Fedrai o ddim eistedd yn llonydd, a hyd yn oed yng nghyfnod ei ddiweithdra, byddwn yn dod adref o'r ysgol i weld wal newydd-beintiedig, rhyw gynllun busnes newydd-ddyfeisiedig, neu dŷ adar newydd-adeiladedig (!).

Ond er gwaethaf ei brysurdeb cynhenid, gwyddai bopeth oedd yn bwysig go iawn. Yn breifat, roedd yn ddyn caredig, annwyl a hael ei gymwynas. Hwnnw oedd Dad. Yr un a'n cefnogai waeth beth fyddai'r achlysur a'r un a ymfalchïai yn dawel a di-ffys yn ein llwyddiannau. A hwnnw, wrth gwrs, roddai gil-dwrn slei cyn i mi fynd allan ar nos Sadwrn gan sibrwd â winc, "Gwaria'n ddoeth!"

I lawer o blant – fel y tystiodd rhai o'r llythyrau a dderbyniasom yn dilyn ei farwolaeth – fo oedd yr hunanapwyntiedig 'Ddyn Gorau yn y Byd'. Dwi'n cofio ei weld yn taeru ag amryw i epil, yn deulu a ffrindiau, ynghylch ei statws. Nhwtha'n dychwelyd yn ddiniwed at eu rhieni gan gwestiynu bodolaeth teitl mawreddog o'r fath. Yn rhyfedd ddigon, thrïodd o rioed mo'r rwtîn berswadio hon ar Dwynwen na finnau. Efallai gan ei fod yn gwybod y cawsai ateb yr un mor wirion yn ôl. Neu fallai am ei fod yn synhwyro ein bod ni'n gwybod yn barod.

I'w anwyliaid, braf yw cael datgan nad ildiodd y cymeriad unigryw i'r afiechyd cas a'i meddiannodd. Ym Mryste, o ddod i glywed mai Almaenwr gyfrannodd y mêr at ei drawsblaniad, rwy'n cofio cerdded i'w ystafell a'i glywed yn dweud, "Ti'n meddwl fydda i'n cael rhyw awydd i godi'n gynnar i roi tywel ar 'y ngwely rŵan, Gwenda?" Neu wedyn yn ward Alaw, Ysbyty Gwynedd, wrth gael ei rolio am un o'i amryw driniaethau, cofiaf ei weld yn astudio'r casgliad helaeth o ddarluniau Kyffin oedd wedi eu sgriwio'n dynn i waliau'r coridor (i atal lladron, mi dybiaf). Minnau'n disgwyl ebwch o werthfawrogiad o'r casgliad drudfawr. "Sgin ti sgriw-dreifar?" meddai wedyn yn ddireidus, ac mewn eiliad roedd rhywun wedi anghofio difrifoldeb yr ymweliad. Ei ffordd ef o ddygymod â'i salwch oedd yr hiwmor anorchfygol. Ond mi wnaeth bethau lawer yn haws i ni. Roedd o'n dal i'n gwarchod hyd y diwedd.

Mae'n fyd rhyfedd a gwag hebddo. Yn dad, yn benteulu ac yn Ddyn Gorau yn y Byd. Fydd pethau yn byth yr un fath. Ond yng nghanol yr hiraeth llethol, mae 'na wên lydan o ddiolch hefyd.

Yn un peth, mi fuaswn wedi gorfod talu i rywun beintio'r bathrwm!

ATGOFION CHWAER FAWR
Nia

Blwyddyn newydd dda i chi
Ac i bawb sydd yn y tŷ,
Dyna yw'n dymuniad ni
Blwyddyn newydd dda i chi.

'Powys paradwys Cymru': lle delfrydol i blentyn fyw ynddo yn y Pum Degau. Ar fore Calan, yr oedd traddodiad o fynd o gwmpas y fro yn canu Calennig. Cnocio ar ddrws, canu, yna'r drws yn agor a ninnau'n clapio a llafarganu:

C'lennig yn gyfan
Ar fore Dydd Calan
Unwaith, dwywaith, teirgwaith...

Caem groeso mawr yn y rhan fwyaf o'r tai a thair neu chwe cheiniog yr un am ein trafferth, yn ogystal â ffrwythau neu felysion.

Roedd Eirug, yn saith oed, wedi cael cap brown yn anrheg Nadolig – cap â phig gyda botwm ar ei gorun. Ddydd Calan roedd hi'n pistyllio bwrw, ac ar ôl erfyn a phlagio, i ffwrdd â ni yn griw brwdfrydig i ganu Calennig, gan gyrraedd adref am hanner dydd wedi cerdded milltiroedd i ffermydd yr ardal. Wrth dynnu'r dillad a oedd yn wlyb diferol oddi amdanom, dyna sioc o weld cyflwr Eirug: roedd y cap wedi colli ei liw erchyll dros ei wddw, a'i ysgwyddau a'i gefn yn frowngoch annaturiol. Bu'n rhaid

'Dyddiau difyr a hapus iawn.'
Eirug, Eleri, Mari a Nia – plant y Mans.

Nia, Eirug, Y Parch. John Price Wynne, Mari, Mrs Eunice Wynne, Eleri

ei roi dros ei ben a'i glustiau yn y bath i'w sgwrio'n lân cyn lluchio'r cap bondigrybwyll i'r bin. Yr unig gysur oedd y deuddeg swllt a chwe cheiniog a wnâi iawn am y drafferth a'r siom – swm sylweddol iawn i blentyn yn y cyfnod hwnnw pan gaech baced o grisps am rôt a photel o lemonêd am swllt a thair!

Ar ôl symud o fwynder Maldwyn i erwinder Eryri, gorfu inni, wrth brifio, wynebu'r anochel: dysgu sgiliau hunanamddiffynnol. Treuliwn sawl noson gyda fy ffrindiau yn siop jips Gwyn Oliver yn y pentre yn Neiniolen; y *jukebox* oedd yr atyniad mawr. Gan fod fy ffrindiau, Eleri Cae Main a'r criw, yn byw yn weddol agos at ganol y pentre roedd gennyf i daith heibio mynwent eglwys Llandinorwig yn ôl at y tŷ ar fy mhen fy hun, a hynny ar y pryd heb lawer o oleuadau ar y ffordd. Yn ddieithriad, byddwn yn cyrraedd adref wedi rhedeg nerth fy nhraed a cholli fy ngwynt yn lân. Eglurodd Eirug wrthyf mai'r ffordd orau o lorio unrhyw ymosodwr oedd rhoi coblyn o *'dead leg'* iddo! Aeth ati i egluro natur y gyfryw gamp: rhoi pwniad iawn efo'ch penglin mewn man arbennig yng nghlun yr ymosodwr nes bod hwnnw'n gwingo ac yn colli pob teimlad yn ei goes. Duw a ŵyr pwy ddysgodd y ffasiwn beth iddo, ond mynnodd fynd ati i ddarlunio, gydag arddeliad, effeithiolrwydd ergyd o'r fath arna i. Gwaeddais mewn poen ddirdynnol wrth sboncio ar un goes o gwmpas ystafell fyw Glanffrwd, gan honni na fyddwn i'n medru cerdded byth eto. Yn ei fraw, a rhag creu helynt teuluol, mi ddywedodd, "Yli, gei di roi *tair* ded-leg yn ôl i mi!"

Tua chanol y Chwe Degau, a ninnau ym mlynyddoedd cynnar yr ysgol uwchradd, aeth Eleri, Eirug a minnau gyda

Dad i brotest Tryweryn. Daeth Euryn Williams o Lanberis hefyd hefo ni yn y car. Dyma ddiwrnod yr agoriad swyddogol, a rhaid oedd dangos ein gwrthwynebiad i'r sarhad hwn. Rwy'n cofio rhedeg i lawr llethr a'r heddlu ar ein holau yn ceisio'n hatal rhag tarfu ar babell y pwysigion o Lerpwl. Cofiaf hefyd weld plisman yn gweiddi pethau hyll iawn ar Gwynfor Evans ac yntau'n ymateb yn dawel a bonheddig. Heb os, cafodd y digwyddiadau hyn argraff ddofn ar Eirug, ac ni chafwyd na bw na be ganddo'r holl ffordd adref i Ddeiniolen yn y car.

Dro arall, ar ôl araith Dr R. Tudur Jones mewn rali Cymdeithas yr Iaith yn Nhŷ Mawr, Wybrnant, rwy'n cofio Eirug a minnau'n ffawdheglu i Fetws-y-coed i achos llys i gefnogi'r rhai oedd o flaen eu gwell am baentio arwyddion. Cawsom fws 'Bangor Blue' o Ddeiniolen i Lanberis, lifft i'r Nant a cherdded dros y bwlch ynghanol niwl a drycin. Rhyw filltir y tu draw i Benygwryd fe stopiodd fan i'n codi – rhywun ar yr un perwyl â ni. Cyrraedd y llys yn wlyb at ein crwyn a stêm yn codi o'n dillad a'n cegau. Rwy'n cofio hyd heddiw y baned orau ges i erioed yn un o'r caffis ar y ffordd allan o'r Betws, a dyheu am gael mynd adref i glydwch y gegin a thanllwyth o dân. Ond ar ôl ein holl ymdrech yn erbyn yr elfennau, dyma gyrraedd Deiniolen a chael coblyn o ffrae gan Mam am fod mor wirion. Mae'n rhaid mai yn ystod gwyliau'r Pasg y digwyddodd hyn, oherwydd roedd Anti Miriam, chwaer Mam o'r de, yn aros efo ni, a hithau'n ddistaw oddefgar yn cael rhagflas o ymddygiad rebels y teulu!

Ers yn blant, treuliem y rhan fwyaf o'n gwyliau haf gyda theulu Mam yn Sir Gaerfyrddin, ac wrth fynd yn hŷn, rhan o'r difyrrwch oedd cael mynd am dro i draeth eang ac enwog Pentywyn, a chael siawns i yrru *à la* Parry Thomas. 'Morris Mil' Wncwl Dai, Cwmgwili, oedd y car anffodus, a dyna'r tro cyntaf i mi glywed am *hand-brake turn* a phrofi hynny gydag Anti Miriam a chwaer arall Mam, Anti Lili, yn eistedd yng nghefn y car!

A minnau ar fy mlwyddyn olaf yn Ysgol Brynrefail, cefais fy ngalw am gyfweliad yng Ngholeg y Drindod, Caerfyrddin. Ddiwrnod y cyfweliad roedd gan Dad gynhebrwng yn Neiniolen. Gan mai newydd basio fy mhrawf gyrru oeddwn i, mynnodd fy rhieni fod Eirug yn dod efo fi yn gwmni ar y daith hir. Doedd y siwrnai ddim yn ddiarth, ac edrychwn ymlaen yn arw at yrru i lawr i'r de. Wrth deithio ar hyd y ffordd droellog o Ryd-ddu am Feddgelert, dyma Eirug yn dechrau cwyno fy mod yn ddreifar sobor ac yn gyrru'n rhy araf o lawer. Y peth nesaf dyma fo'n dechrau erfyn arna' i, "Ga' i ddreifio?" Roedd wedi hen arfer â thrin y car, a mynd i'w nôl a'i gadw yn y garej. Doeddwn i ddim am ildio i'r syniad gwallgof hyd nes i amgylchiadau fy nhrechu. Roedd hi'n adeg clwy'r traed a'r genau ac wrth groesi ffiniau siroedd Cymru roedd bêls o wellt yn socian o ddiheintydd wedi'u chwalu ar draws y ffyrdd. Wrth droi cornel – efallai'n rhy gyflym – yng nghyffiniau Derwen Las ar gyrion Machynlleth cawsom goblyn o sgid. Yn fy mraw, ar ôl adfeddiannu'r llyw stopiais y car yn y fan a'r lle ac ildio sêt y gyrrwr yn ddirwgnach. Mae'n wir i Eirug yrru'r car i'r de ac yn ôl heb iddo fod yn berchen ar drwydded, a hynny rhyw gwta fis cyn cyrraedd yr oed cyfreithlon. Soniwyd yr un gair am hyn dros y blynyddoedd tan i mi grybwyll y peth ryw ychydig yn ôl pan oedd yn yr ysbyty. Daeth gwên ddireidus ac atgofus i'w wyneb.

Mae'n ddirgelwch hyd heddiw i bawb o'i gydnabod ac yn arbennig i ni fel teulu sut y llwyddodd y brawd i basio digon o bynciau Lefel O (yr oes honno!) i fynd i'r chweched dosbarth. Does neb o'r teulu yn cofio iddo erioed dreulio awr yn adolygu. Roedd o â'i fryd ar fynd allan i'r pentre at yr hogiau, ffidlan efo'r car, gwylio'r teledu neu ddarllen llyfrau cowbois. Tua 1967 daeth Swyddfa'r Post, Deiniolen, ar y farchnad am £6,000. Mam oedd yn rhedeg y Swyddfa hon ar y pryd. Ychydig sy'n gwybod hyn: bu fy rhieni yn dwysystyried prynu'r busnes er mwyn sicrhau rhyw fath o yrfa i'r sgolor 'sgafala!

Dedfrydwyd Eirug ynghyd â Terwyn Tomos ac Alwyn Gruffydd i chwe mis o garchar yn Nhachwedd 1971 am falu a phaentio arwyddion ffyrdd. "Gyrra lythyr hir i mi – maen nhw'n gorfod cyfieithu pob dim," oedd y neges o'r Ganolfan Gadw ym Mrynbuga. Bûm am oriau yn copïo awdl T. Gwynn Jones, *Ymadawiad Arthur*, i'w gyrru ato. Tanlinellais mewn coch y geiriau:

> ... *Bydd ddewr a glân,*
> *Baidd ddioddef, bydd ddiddan!*

Fe gyrhaeddodd y llythyr ben ei daith, ond ni freintiwyd y genedl â chyfieithiad o'r awdl enwog. Barn y sensor oedd: *"Some bloody Welsh poetry"*.

Cyfnod anodd a phryderus oedd y cyfnod hwn i'r teulu. Roeddwn yn digwydd bod gartre o'r coleg pan alwodd rhyw weithiwr cymdeithasol ifanc acw.

"Do you realize that your son is a criminal?" meddai wrth Mam.

*"I beg your pardon, my son is **not** a criminal!"* meddai hithau wrtho'n gadarn gan ofyn, *"May I ask who sent you here?"*, yr awgrym yn gryf yn ei llais y dylid fod wedi gyrru Cymro Cymraeg acw os oedd rhaid gyrru rhywun o gwbl.

Yn ei syfrdan fe enwodd y Sais Gymro Cymraeg – gweinidog wedi gadael y weinidogaeth. Yn fwy na hynny, roedd y gŵr yn Ysgol Ramadeg Llandeilo yr un pryd â Mam ar ddechrau'r Tri Degau. Cododd ar ei thraed: *"Give him my regards,"* meddai wrth agor y drws i'r ymwelydd.

Chlywyd na chynt na wedyn am ganlyniad yr ymweliad, a mawr fu'r gorfoledd pan ryddhawyd y tri ar apêl ychydig ddyddiau cyn y Nadolig. Teithio i lawr yn blygeiniol i Frynbuga yng Ngwent i fod yno erbyn 9 o'r gloch y bore i'w nôl adref. Gwibio trwy Lanbryn-mair a heibio Llys Teg cyn i'r wawr dorri, a hiraethu am y dyddiau braf o 'haf hirfelyn tesog'.

Eirug a'i Fam, Mrs E. Wynne

ATGOFION CHWAER FACH
Mari

YN NYDDIAU CYNNAR ein magwraeth roedd y pedwar ohonom yn rhannu yn ddwy a dau i chwarae: Eleri a Nia, Eirug a minnau. Mae'r atgofion yn ddirifedi. Ein hoff fan chwarae ar ddyddiau gwlyb oedd ar y staer; ac yr oedd i Lys Teg (Llan, Llanbryn-mair) a Glanffrwd (Deiniolen) ill dau staer gwerth eu galw'n risiau. Byddai'n troi'n fws, trên, car, ffair, siop, pabell, afon, mynydd niwlog, chwarel, ysgol neu gapel. Dyna i chi'r bore Sul hwnnw pan oedd y Fowlen Fedydd a'r Blwch Cymun yn digwydd bod ar ford yr ystafell fwyta – fe gafodd fy noli, Siân, ei bedyddio a'i

Teulu'r Mans!

dienyddio yn y capel ar y staer. Cododd angladd Mabel, a gafodd ei chladdu am fod yn ddoli gorcyn hyll, o'r un man.

Ar ddyddiau sych, allan o gwmpas y tŷ a'r gymdogaeth y byddem yn chwarae. Tua diwedd y Pum Degau oedd hi, ac Eirug yn darllen llawer o lyfrau cowbois, pan welodd hefyd lyfr ar ieir yn stydi Nhad. Bu'n astudio'r llyfr am beth amser cyn dweud wrthyf: "Ty'd. Mae'n rhaid i ni ddal yr ieir."

Roedd rhyw saith ohonynt mewn cwt tu ôl i'r tŷ, ac fe'i daliasom trwy roi bwyd ieir ar y creigiau gwastad, enfawr oedd yn naear yr ardd gefn, ac yna clymu cortyn fel dolen las. Pan fyddai'r ieir yn camu i'r ddolen, plwc sydyn, codi a dal pob iâr, a'u magu i gysgu. Wedi magu'r ieir, bu i ni eu gosod mewn tair rhes ar lawr y cwt, pob un yn cysgu'n dawel. Yna fe safodd Eirug ar fwrn gwair, a chan wisgo coler gron fy nhad a llyfr emynau yn ei law, cyhoeddodd yr emyn cyntaf:

> *Dyma gyfarfod hyfryd iawn,*
> *Myfi yn llwm a'r ieir yn llawn,*
> *Myfi yn dlawd heb feddu dim*
> *A'r ieir yn rhoddi wyau im.*

Yna cefais i a'r ieir bregeth am haelioni Duw yn arddull y Diwygwyr Mawr. Wn i ddim a fyddai fy rhieni'n clustfeinio arnom yn chwarae ambell waith, ond yr unig sylw a wnaed gan fy Nhad rai dyddiau wedyn oedd: "Wn i ddim be gebyst sy'n bod ar yr ieir 'ma'n dodwy wyau meddal."

"Ty'd yn d'laen!" gwaeddodd Eirug arna i pan oedden ni ar wyliau i lawr yng Nghwmgwili gydag Wncwl Dai ac Anti Lili. Roedd Eirug eisoes wedi cyrraedd Lot Wen ar ben y rhiw, oedd yn arwain i barc chwarae Capel Hendre, a minnau bellter i lawr y lôn ar bwys Gwili Lodge. Felly dyma sbarduno'r coesau byr, tewion i'w ddal, gan fod ofn arna i fynd heibio Gelli Lywarch, yr hen fwthyn bach to gwellt tywyll, ar fy mhen fy hun. Es heibio fy mrawd mawr oedd wedi aros i fusnesu wrth stand laeth. "Wel, paid â mynd o 'mlaen i!" oedd y gorchymyn nesa. Tasgodd yn ei flaen gan weiddi, "Ty'd yn d'laen!" a minnau'n bystachu i gadw i fyny â'i goesau hir cyn iddo ddiflannu o'r golwg i lawr heol Banc y Ddraenen. A 'nghalon seithmlwydd yn curo fel gordd, a'm llygaid yn chwilio'n wyllt amdano wrth het y wrach yn y parc, dyma glywed llais yn galw o'r pellter tu ôl i mi, "Wel, paid â mynd o 'mlaen i!" a gweld Eirug yn codi o fôn clawdd lle bu'n cuddio. Poeni a phryfocio! Roedd o wrth ei fodd.

Roedd hi'n boendod bod y pedwerydd plentyn ambell waith. "Rwyt ti'n rhy fach i gael clywed," oedd hi'n aml. Rhyw un ar ddeg oed oeddwn i, a'r unig un o'r pedwar a fethodd yr 11+. Roeddwn i dipyn byrrach a thipyn tewach na'r tri arall a wnes i erioed feistroli'r un offeryn cerdd, yn wahanol iddyn nhw. Noson y canlyniadau, mae'n rhaid 'mod i'n achwyn am y gwahaniaethau hyn, pan ddywedodd Eirug yn gwbwl ddifrifol, "Ond beth wyt ti'n ei ddisgwl? O Gartra Bontnewydd y doist di." Distawrwydd llethol. Yna, fy Nhad yn araf godi gan gydio yn fy llaw a'm harwain i'r stydi at y ddesg fawr. Agorodd ddrôr bychan yn ei chanol a thynnu allan bedair tystysgrif geni. "Darllan di'r rhain, a dwêd di wrtha'i merch pwy wyt ti."

Ie, un drwg oedd Eirug am bryfocio! Ond does dim dwywaith na fyddai fy rhieni, yn eu ffyrdd addfwyn o ddisgyblu, yn peri iddo gael pwl o gydwybod, oherwydd fyddai'r haul byth yn machlud heb faddeuant. Dyddiau difyr a hapus iawn, dyddiau cyfoethog oedd dyddiau plentyndod y Pum Degau... ond poen o beth oedd bod yn chwaer fach i Eirug!

Y CEFNDER
Berwyn Morris

YN EI ARDDEGAU CYNNAR byddai Eirug yn ymwelydd cyson â ni ar y fferm yn Llanfair Talhaearn, a daeth yr anwyldeb a'r direidi yn amlwg iawn yn ystod yr ymweliadau hynny. Bryd hynny roedd ganddo ddiddordeb mawr mewn ffarmio, ac yn hoff iawn o'r hen Ffyrgi bach. Cofiaf yn glir Eirug yn diflannu ar ôl cinio un diwrnod, ac wrth chwilio amdano, ninnau'n sylweddoli bod yr hen Ffyrgi bach wedi diflannu hefyd. Wedi inni fod yn chwilio am tua hanner awr, pwy ddaeth i'r buarth yn fwd i gyd, ac am unwaith gyda golwg ofnus arno, ond Eirug. Oedd, ar ei ymdrech gynta i ddreifio tractor, roedd wedi mentro trio croesi ffos, a'r hen Ffyrgi bach wedi suddo i'r mwd hanner ffordd ar draws. Ar y fferm bryd hynny, byddai fy nhad yn cosbi unrhyw drosedd ar ein rhan ni fel plant trwy ein hanfon i hel cerrig oddi ar y caeau, a dyma oedd cosb Eirug yntau am dramgwyddo gyda'r tractor. Ond yn lle hel cerrig am ryw awr mynnodd Eirug gasglu am brynhawn cyfan, a gwagio'r llwyth cerrig o flaen drws y beudy fel na allai neb fynd i mewn nac allan o'r adeilad.

Cofiaf yn glir am achlysur arall pryd y diflannodd Eirug. Y bore hwnnw roedd wedi bod yn darllen rhaglen eisteddfod flynyddol Llanfair Talhaearn, ac wedi craffu'n arbennig ar y gystadleuaeth chwarae'r gitâr. Wedi chwilio amdano am awr, dyma alw yn neuadd y pentref rhag ofn ei fod wedi mynd yno. Dyma ichi sioc oedd gweld Eirug ar y llwyfan yn disgwyl cystadlu gyda fy ngitâr yn ei law. Mi ganodd 'Carlo', gan fynd i hwyl mawr ac ailadrodd y gytgan sawl gwaith. Pan ofynnais iddo pam y bu iddo gystadlu fel yna, ei ateb oedd: "Gydag I.B.Griffith yn beirniadu, a hithau'n flwyddyn yr Arwisgo, fedrwn i ddim gadael i'r cyfle fynd heibio."

Hoffai yn fawr dreulio rhan o'i wyliau haf ym Mhandy Tudur gyda Nain ac Anti Meri. Eirug berswadiodd Anti Meri i ddysgu dreifio - y fo a'i perswadiodd hefyd i roi'r gorau i'r fenter, hyn wedi iddi brynu hen A30 bach. Yn ddiweddarach mi fargeiniodd Eirug gydag Anti Meri, gan ei pherswadio i roi'r car iddo fo, a hithau'n cael glanhawr 'Hoover' fel tâl amdano.

Roeddem wrth ein bodd yn ei gwmni hoffus a direidus, ac atgofion melys iawn sydd gennym amdano. Diolch am gael bod yn perthyn iddo.

Y BRAWD YNG NGHYFRAITH
David A. Pretty

O'R CYCHWYN roedd yn enw i'w gofio. Wrth i mi gymysgu rhwng Eirug ac Eurig yn y dyddiau cynnar – dyddiau'r myfyriwr hirwalltog oedd yn canlyn fy chwaer ieuengaf – dywedodd iddo gael ei eni 'rhwng eira a barrug', gwers fuddiol i newyddiadurwyr arferai wneud yr un camgymeriad dros y blynyddoedd. Yn ddealladwy, efallai, ac yntau'n tynnu at ei naw deg, anodd fu darbwyllo fy nhaid nad 'Eric' mohono. I'r pegwn arall, pan oedd fy merched yn fach, ef oedd 'Wncwl Gigig'. Neu'n fwy aml, oherwydd ei ddireidi tragwyddol, 'Wncwl Gigig ddrwg'. Direidus a hael. Yn Siop y Pentan neu yn ei stondin ar faes yr Eisteddfod daethant i ddeall taw beth bynnag fyddai pris yr eitem a brynwyd, dyna'r union 'newid' gawsant yn ôl. Bob blwyddyn byddai rhyw gimig gwerth sôn amdano: yn yr ysgol y tymor canlynol gallent ymffrostio taw wats eu hewythr oedd y 'wats Gymraeg' enwog. Digrifwch i mi

'Eirog Wyn' a 'Wendy Pretty' y tu allan i'r Llys Apêl yn Llundain, Mawrth 1972

wrth brynu llyfrau neu fân bethau oedd gweld nid 'books' neu 'goods' yn gofnod ar slip tâl swyddogol Visa, ond 'cachu rwtsh'.

Bu'n gyfrifol am sawl profiad newydd yn hanes fy nheulu. Y tro cyntaf i mi roi fy nhroed mewn llys barn oedd yn nhref Caerfyrddin yn 1970 pan ddaeth Eirug a chyfaill gerbron y Fainc am beintio 'Araf' o dan 'Slow' ar lonydd y sir. Gwrthodwyd yr achos oherwydd i'r gair 'dileu' ymddangos ar y wŷs; nid dileu arwydd a wnaethant, ond ychwanegu ato! Gwnaeth Eirug ei ran yn malu arwyddion ffyrdd uniaith Saesneg gan dalu'r pris. Nid oeddwn erioed wedi cyfeirio llythyr at garchardy nes i mi sgwennu ato yn ystod ei gyfnod dan glo yn *HMP* Brynbuga. Heb anghofio'r protestiadau a gafodd sylw ar y teledu, dyma'r tro cyntaf (a'r olaf mae'n debyg) i ni weld aelod o'r teulu yn cael llun mewn papur newydd tabloid. Pan ryddhawyd y *'three road sign rebels'* o'r Llys Apêl yn Llundain wele ddarlun o'r tri gyda'u cariadon yn y *Sun* ar y 15ed o Fawrth 1972. Fe'i bedyddiwyd yn 'Eirog' Wyn, tra bod fy chwaer yn 'Wendy' Pretty. Gyda'r ddau mor amlwg yn yr ymgyrchu bu'n gyfnod cymysg o ofid a balchder i'm rhieni. Nid peth hawdd oedd cefnu ar Cledwyn Hughes a'r traddodiad Llafur o fewn y teulu, ond y digwyddiadau hyn a ysgogodd fy nhad i arddel cenedlaetholdeb yn etholiadau 1974.

Hynt yr iaith, gwleidyddiaeth, gwyliau cyfandirol, ceir (er na allai ddeall fy hoffter o geir Eidalaidd) a phêl-droed (gallai yntau hefyd werthfawrogi talentau Serie A, a hyd yn oed teithio i'r Eidal i'w gweld) fyddai'r pynciau trafod arferol. Wrth gwrs, doedd dim yn bwysicach iddo na materion teuluol, a hynt y 'genod' oedd yn addurno'i fywyd. Afraid ychwanegu iddo gyfoethogi'r sgyrsiau hyn gyda'r hiwmor ffraeth oedd mor nodweddiadol ohono. Yn yr un modd bu'n barod iawn ei gymwynas. Cefais lyfr *Caniadau* John Morris Jones ganddo am y rheswm syml fod brawd fy nhaid (un o arloeswyr Llafur ar Ynys Môn) wedi tanysgrifio i'r *'handmade paper edition'* yn 1907, cyn i'r bardd hoffi'r heiffen. Dro arall cafodd hyd i gopi prin o astudiaeth G. Nesta Evans, *Social Life in Mid-Eighteenth Century Anglesey*, llyfr yr oeddwn wedi'i ddeisyfu ers amser. A dyna'r alwad ffôn i holi a oeddwn yn rhydd ar ddydd Sul arbennig yn Awst; roedd ganddo diced i mi weld *Manchester United* yn chwarae yn Stadiwm y Mileniwm.

Gallai synhwyro o'r llyfrau hanes sy'n llenwi fy silffoedd nad wyf fawr o ddarllenwr nofelau, yn dra gwahanol i'm gwraig. Da fod ffeithlen ar gael i hanesydd diddychymyg, megis *Elvis: Diwrnod i'r Brenin*, arwr i ni'n dau; ac *I Ble'r Aeth Haul y Bore?* gyda Kit Carson i'n tywys i gyffro cyfarwydd y Gorllewin Gwyllt. O holl gyfrolau Eirug, bu'n rhaid i mi ddarllen un nid yn unig yn drwyadl, ond ei darllen ddwywaith. Anfonodd deipysgrif o'r nofel *I Dir Neb* gyda chais i mi fwrw golwg ar y ffeithiau hanesyddol oedd yn ymwneud â'r Rhyfel Mawr. Trwy 'amryfusedd' roedd hefyd wedi anfon copi o dudalen y diolchiadau, yn diolch o flaen llaw am ei achub 'rhag sawl llithriad'! Cymerodd ofal na fyddwn yn llacio gafael ar y crib mân. Gwyddai fod cynhyrchiadau beiddgar Derec Tomos a sylwadau deifiol *Lol* fwy at fy nant. Ynddynt profodd ei fod yn feistr ar ddychan pryfoclyd, a di-ofn ei ddaliadau. Pan sylwais fod copi o *Private Eye* yn gorwedd ar ben bwndel o bapurau ar ei wely yn Ysbyty Gwynedd fe'm hatgoffodd gyda gwên ei fod yn 'dal i lynu wrth y pethau gorau'.

Ar bob lefel, yn ddiamau, dyma a wnaeth trwy gydol ei oes. O'r personol i'r cyhoeddus roedd yn ymgorfforiad o'r pethau gorau. Cyfunodd fywyd teulu hapus neilltuol gyda'r frwydr hunanaberthol dros Gymreictod, iaith a diwylliant – a hynny mewn sawl maes. Roedd ei amlochredd yn destun edmygedd. Afrifed ei ddiddordebau, mentrus, egnïol, dawnus a dewr. Dyna Eirug. Braint oedd ei gael yn frawd yng nghyfraith ac elwa o'i gyfeillgarwch. Ar ymweliad â Bryste, lle roedd yn derbyn triniaeth, cawsom dynnu ein llun yn sefyll y naill ochr i gerflun o ŵr lleol a deithiodd ymhell iawn i ennill enwogrwydd fel Cary Grant. Ni fu'n rhaid i Eirug adael bro na gwlad i dderbyn clod. Sicrhaodd na fydd ei enw byth yn angof.

YR EWYTHR UNIGRYW
Guto Williams

MAE'N ANODD GWYBOD lle ma rhywun fod i ddechrau hel atgofion am ewythr mor unigryw. Mae hen ymadrodd gan y Sais yn dweud: *Once seen never forgotten*. Dwi'n siŵr i'r ymadrodd yna gael ei greu yn arbennig ar gyfer Eirug. Doedd bywyd byth yn ddiflas pan oedd Eirug o gwmpas, yn wir fo oedd enaid pob parti hyd yn oed ar brydiau yn ddigon o barti ynddo'i hun. Tynnu coes, tynnu wynebau gwirion, synau gwirion, dynwared pobl – roedd bywyd yn llawn hwyl hefo Eirug. Doedd cynnig i ymweld â thŷ Eirug a Gwenda byth yn fwrn ar neb gan fod stôr o hwyl a chyffro i'w gael bob amser ar yr aelwyd yno yn y Groeslon. Yn wir, bron nad oedd angen cofio pacio pâr sbâr o drowsus wrth fynd ar ymweliad yno – rhag ofn!!

Tra oeddwn yn y Brifysgol ym Mangor mynych fu'r ymweliadau â Manceinion i wylio gemau pêl droed *Man. United* hefo Eirug. Dwi'n cofio un daith, rhyw Ddolig, lle roedd y bws yn cychwyn yn fuan o Fangor er mwyn rhoi amser i'r merched fynd i siopa! Ar ôl cyrraedd Manceinion, Eirug a finnau'n sefyll tu allan i'r dafarn yn disgwyl i'r drysau agor! Dyma Eirug yn troi ata' i a dweud "Un rheol sy 'na heddiw. Fi sy'n talu gan mai myfyriwr tlawd wyt ti!" Dyna arwydd o'i garedigrwydd parod bob amser, yn enwedig gan feddwl faint o ddiod gafodd ei yfed y diwrnod hwnnw! Codi bore wedyn yn teimlo'n uffernol ac wedi colli'n llais, a hynny oherwydd i Eirug benderfynu dysgu "caneuon Cymraeg" i'r bobl leol. Yr unig beth ddyweda i ydi diolch byth nad oedd pobl Manceinion yn dallt Cymraeg, neu beryg na fydden ni wedi dod adre'n fyw! Ar ymweliad arall ag Old Trafford, yn dilyn cystadleuaeth Cwpan y Byd '98, a'r digwyddiad enwog hwnnw pan yrrwyd David Beckham o'r maes yn erbyn yr Ariannin, daeth trigolion Lloegr i'r casgliad mai bai Beckham oedd hi fod Lloegr wedi colli'r gêm honno, a bu cryn ladd arno yn y Wasg. Gêm gyntaf y tymor oedd hi ac Eirug a fi wrthi'n mwynhau peint bach yn Nhafarn y Trafford cyn y gêm, pan benderfynodd cefnogwyr United ddangos eu cefnogaeth i Beckham drwy ganu: *'You can stick your fu**in England up your arse'*. Dyma Eirug yn troi ataf gan godi ei wydr Guinness a dweud "Rargol – dwi yn fy seithfed nef!"

Un o'r breintiau eraill a gefais yn ei gwmni oedd mynd ar *stag night* fy narpar frawd yng nghyfraith, bryd hynny, i Ddulyn. Gyda dros dri deg yn bresennol, a'r mwyafrif o dan ddeg ar hugain oed, doedd dim ond un person yn hawlio'r sylw i gyd – ia, Eirug! Cychwynnodd drwy siarad hefo pobl ar y trên yn ei acen Wyddelig orau a ninnau'n rowlio chwerthin. Ar ôl cyrraedd penderfynodd gerdded strydoedd Dulyn gan gogio ei fod wedi gwneud llond ei drowsus! Yna, wrth yfed yng ngwesty moethus y Gresham, roedd criw o ddynion busnes yn cael cyfarfod anffurfiol ar y bwrdd nesaf aton ni. Dwi ddim yn meddwl iddyn nhw werthfawrogi'r ffaith ein bod ni'n griw swnllyd, a llwyddom fwy nag unwaith i amharu ar eu cyfarfod. Gwnaethant hi'n amlwg fwy nag unwaith, gyda'u hedrychiadau cyson blin i'n cyfeiriad ni, nad oeddynt yn gwerthfawrogi cwmni o'r fath. Yn sydyn ac yn ddiarwybod i neb diflannodd Eirug, ac roedd ei ddihangfa slei o'r bwrdd yn codi cryn gwestiynau yn ein plith. Ymhen sbel ymddangosodd ei wyneb o dan fwrdd y dynion busnes, a'r wên fawr lydan yn adrodd cyfrolau. Wedi llond bol o chwerthin dyma fentro gofyn be'n union yr oedd wedi bod yn ei wneud o dan y bwrdd? Atebodd yn llawn direidi, "Gei di weld wedyn". Dyna lle'r oeddwn ar bigau'r drain eisiau gwybod beth roedd Eirug wedi ei wneud, ac eisteddais yno'n betrusgar o wybod am ei natur bryfoclyd! Yna, cefais bwniad go hegar yn fy ochor a dywedodd, "Sbia". Cododd rhai o'r dynion busnes a gadael y bwrdd yn foneddigaidd yr olwg ac yna, disgynnodd dau ohonynt dros y bwrdd nes oedd eu gwydrau'n hedfan ar draws yr ystafell. Roedd pawb yn eu dyblau'n chwerthin ac Eirug yn arwain y cyfan. I dalu'r pwyth am eu snobyddrwydd, ac i gael dipyn o hwyl, roedd wedi cropian dan y bwrdd a chlymu carau eu 'sgidiau at ei gilydd!

Dwi wastad wedi cario balchder mawr, a chydnabod byth a hefyd, bod Eirug yn ewythr i mi. Mae'r golled wedi bod tu hwnt i eiriau ac mae'r bwlch ar ei ôl yn un na ellir ei lenwi. Cysur i mi, fel i sawl un arall yw'r atgofion fil sydd wedi eu storio'n ddiogel gennyf ar gof a chadw, yn llyfrgell braf llawn hanesion y gallaf ddianc iddi, ac sy'n profi'n fynych i fod yr eli gorau i'r galon ar adegau caled.

Fues i rioed yn un da am fynd i unrhyw Ysbyty. A bod yn hollol onest dwi'n casáu mynd oherwydd yn amlach na pheidio, mi fydda i'n llewygu! Ond am ryw reswm arbennig, wn i ddim sut na pham, cefais rhyw nerth arbennig i ymweld ag Eirug pan oedd yn yr ysbyty. Drwy'r amseroedd anodd llwyddodd i gadw ei hiwmor a'i ysbryd a doedd cynnal sgwrs byth yn broblem. Mi allen fynd mor bell â dweud fy mod wedi mwynhau'r ymweliadau â'r ysbyty er gwaetha'r amgylchiadau. Yn yr un cyfnod, roedd

Nain yn sâl yn yr ysbyty a'r cwestiwn cyntaf ofynnai Eirug bob tro oedd, "Sut ma' dy Nain? Cofia fi ati". Yr oedd ei gonsyrn am eraill yn nodwedd amlwg o'i gymeriad. Yn ddiau, dyn y teulu oedd Eirug, a'r teulu yn bopeth, yn gynhaliaeth iddo yntau gydol ei fywyd.

DYDDIAU DEINIOLEN
'Cowbois, Ceir a Brwshus Paent'

DYDDIAU DIFYR
John Wyn Roberts

Deiniolen

Y cof cyntaf o Eirug Wyn sydd gen i oedd pan oeddem tua deg oed. Fi oedd Geronimo a fo oedd John Wayne. Y *ranch* oedd fferm y Garnedd yn Neiniolen a'r cowbois yn ymladd yn ffyrnig yn erbyn yr Indians ar y creigiau y tu ôl i'r tŷ fferm. Dyma mae'n siŵr gen i oedd dechrau carwriaeth oes rhwng Eirug a'r westerns.

Weithiau byddai'r ymladd yn parhau trwy'r dydd a braf oedd mynd adref, ar alwad mam, i swper blasus, gwely a breuddwydion am yr ornest nesaf. Ar ddiwedd pob gornest roedd yn rhaid cael cystadleuaeth 'gorau i farw'. Yr enillydd oedd yr un oedd yn gallu 'marw' yn fwy dramatig na'r gweddill – a mawr fyddai'r dadlau am hyn. Roeddem i gyd fel sêr Hollywood yn cymryd munudau lawer cyn gorwedd yn gelain ar ddiffeithwch Arizona neu gaeau Texas. Ond dyna fo – hwyl diniwed plant – heb deledu na chanolfan hamdden o fewn can milltir!

Byddem yn helpu yn sied John Ifas Saer yn ystod y gwyliau ac Eirug yn cael y swydd anrhydeddus o fynd i nôl plât arch o weithdy y saer maen ym mhen arall y pentre. Coeliwch neu beidio ond mi roedd yna dros ddeg ar hugain o siopau yn Neiniolen yn y Chwe Degau – dim ond dwy sydd ar ôl erbyn hyn. Dwi'n cofio galw am Eirug un diwrnod i fynd i helpu John Ifans, gan ddarganfod ei fod wedi mynd yno o'm blaen. Pan gyrhaeddais y sied roedd pob man yn dawel – dim ond dwy arch ar ddau elor – dim sôn am Eirug Wyn. Yn sydyn fe gododd caead un arch gyda gwich ddychrynllyd. Digon yw dweud i mi droi ar fy sawdl a'i gluo hi allan o'r fan a'r lle – dim ond i glywed sŵn chwerthin Eirug yn fy nilyn i lawr y ffordd. Torri coed tân a'u gwerthu i wneud pres poced; hel llus a rhoi baw defaid yn y canol i wneud i'r pot jam edrych yn llawn, a smocio cortyn bêl nes mynd yn sâl! Dyddiau difyr iawn!

Ysgol Brynrefail

Ysgol Gynradd Gwaun Gynfi yr es i ond i Ysgol Gynradd Eglwys Llandinorwig yr aeth Eirug – od iawn â'i dad yn weinidog ar gapel Cefn-y-Waun – ond roedd y Mans drws nesa i'r ysgol felly nid oedd ganddo lawer o waith cerdded yn y bore!

Ein hysgol uwchradd oedd Ysgol Brynrefail yn Llanrug a ninnau'n mynd yno ar y bws Crosfil bob bore. Roedd pob dydd yn yr ysgol yn wahanol ac i fod yn berffaith onest roedd y ddau ohonom yn edrych ymlaen at fynd i'r ysgol, ond dwi ddim yn rhy siŵr a oedd yr athrawon yn edrych ymlaen at ein dysgu! Mae tair stori am Eirug yn dod yn rhwydd i'm cof.

Y gyntaf am y cyn-barchus-archdderwydd Gwyndaf Evans, ein hathro Addysg Grefyddol. 'Pip' oedd ei lasenw oherwydd iddo ofyn i rywun, flynyddoedd cyn i ni ddechrau yn yr ysgol, a fuasai'n cael 'pip' ar eu gwaith. Dwi'n siŵr ei fod yn ymwybodol o'r ffugenw ond roedd yn rhaid i Eirug Wyn wneud yn siŵr o hynny! Un bore ar ôl bwyta afal dyma fo'n gofyn i Mr Evans a oedd hi'n iawn iddo roi'r 'pip' yn y fasged. Bu bron i'r archdderwydd chwythu gascet!

Un doniol oedd 'Boi Hist' neu'r athro hanes. Roedd yn

rhaid iddo ddechrau pob gwers gyda jôc – ac roedd yn rhaid i ni i gyd chwerthin! Un bore cyn dechrau'r wers cafodd Eirug y syniad o siarsio'r dosbarth i beidio chwerthin ar y jôc. Dyna ddigwyddodd, ond pan fethodd y ddau ohonom ni ddal wyneb syth dyma ein hebrwng at y prifathro am ddwy gansen yr un – y tro cynta i ni weld y ffon ond yn anffodus nid y tro olaf!

Dyna ein hanes wedyn yn cystadlu am gadair eisteddfod yr ysgol. Roedd yr archdderwydd Gwyndaf yn awyddus i bawb gystadlu yn yr eisteddfod ac yn wir, roedd Eisteddfod Ysgol Brynrefail yn un o uchafbwyntiau'r ardal bob blwyddyn. Yn y drydedd flwyddyn yr oeddem pan ddarganfyddodd Eirug Wyn ei bod hi'n bosib peidio mynd i wersi os oeddem yn cystadlu am y gadair. Fel bonws, darganfyddodd hefyd mai methu gwers ddwbl Mathemateg oeddem ar ddiwrnod y gystadleuaeth. Felly roedd yn rhaid cystadlu a rhywsut mi berswadiodd finnau i wneud hynny hefyd, ond pan ddeallodd Mr Dafydd Jones, yr athro Mathemateg, fod yna ddau gyw bach o'i ddosbarth o wedi meiddio cymryd amser i ffwrdd i gystadlu am gadair yr eisteddfod fe aeth yn wallgo. I ffwrdd â ni eto at y prifathro i gael tair cansen yr un! Cansen am gystadlu yn yr eisteddfod! Dwi ddim yn un am gwyno ond daeth Eirug yn drydydd yn y gystadleuaeth a minnau yn bedwerydd! Y flwyddyn ganlynol enillodd Eirug Wyn gadair Eisteddfod Ysgol Brynrefail am y tro cyntaf – cyn ei fod yn bymtheg oed.

Yn un ar bymtheg oed cawsom ein peint cynta – yng ngwesty'r Fictoria yn Llanberis. Roedd Eirug wedi ffansïo peint ers rhai wythnosau ac wedi dod i'r canlyniad mai'r Fic yn Llanbêr oedd y lle saffaf oherwydd nad oedd llawer o bobl Deiniolen yn mentro i Lanbêr yng nghanol yr wythnos. Am ei fod yn llawer mwy o faint na fi, y fo aeth at y bar.

"Peint os gwelwch yn dda," meddai Eirug.

"Peint o be?" meddai'r barman.

Edrychodd Eirug yn syn am dipyn cyn deud yn hyderus, "Peint o gwrw".

"Faint ydi dy oed di, washi?" meddai'r barman.

"Deunaw – a mi gymera i ddau beint o Guinness os gwelwch yn dda," meddai ar ôl dŵad at ei hun a syllu ar y pwmp du a gwyn oedd o'i flaen.

Dau beint arall ac mi roedd y ddau ohonom ar y ffordd adra i fyny y llwybr *Zig-Zag* am Ddeiniolen gyda'r Guinness fel sment yn ein stumogau ac yn methu dallt pam roedd dynion yn gallu yfed y fath rwtsh bob nos, un ar ôl y llall!

Mae yna gant a mil o straeon am ein hamser yn Ysgol Brynrefail – Eirug a'r car a'r llythyren 'D'; ymuno â Theatr Glynllifon a chael ein hyfforddi gan neb llai na John Gwilym Jones – diolch wrth gwrs i Mr W. Vaughan Jones a Miss Parri Biol am eu hymdrech gyda'r fenter hon; a hefyd sefydlu'r grŵp 'Tarddiad' i chwarae yn nawns yr ysgol. Cawsom dipyn o lwyddiant gyda'r grŵp a thrafaelio dros ogledd Cymru a hyd yn oed i Lerpwl i berfformio. Ond daeth y cyfan i ben pan fu'n rhaid gadael yr ysgol a mynd i'r coleg.

Coleg y Drindod, Caerfyrddin
Dwn ni ddim beth wnaeth i ni fynd i Gaerfyrddin – roedd pawb arall yn mynd i Fangor y dyddiau hynny – ond dyna lle yr aethom, Eirug Wyn a mi a Meisi ac eraill ar ryw wibdaith ffantastig nad oedd diwedd iddi. Aros yn yr un

stafell yn Llwyn Onn – tŷ fferm mawr ar waelod yr heol ger y coleg – yn ystod y flwyddyn gyntaf ac ailddechrau ar yr antur fawr. Dilyn yr un cwrs drama a chyfarfod Nora Isaac am y tro cyntaf; bod yn rhan o'r Gymdeithas Gymraeg orau yng Nghymru ar yr adeg honno; yfed yn y Ceffyl Du a rhoi bet ar 'Plas Iolyn' yn y bwci drws nesa! Fe enillodd y ceffyl o Ddinbych (pris 33/1) a chawsom ein herlid o'r siop am ennill gormod o arian mewn un prynhawn (digon i'n cadw yn y coleg tan 'Dolig beth bynnag!); paentio seins a charchar du Abertawe; meddiannu Llys y Goron, Caerfyrddin –"Ia wir, gyfeillion, peth mawr 'di cariad ond peth mwy 'di bod ishio c★★★u". Dyddiau difyr eto ond roedd rhywbeth yn eich atgoffa o hyd fod hyn am ddod i ben cyn bo hir a bod y realiti o ennill bywoliaeth a ffeindio gwaith yn brysur agosáu. Ar ddiwedd tair blynedd bendigedig daeth y daith i ben ac aeth pawb ati i ddilyn llwybrau newydd.

Atgofion

Pan glywais i fod eirug yn sâl am y tro cyntaf mi ges i hi'n anodd credu'r fath beth. Mam ddwedodd wrtha i – roedd hi wedi ei weld o ym Mangor ac mi wnaeth o ofyn iddi hi sut yr oeddwn i! Mi ffoniodd o mewn dau ddiwrnod a gofyn a oeddwn eisiau mynd hefo fo i Old Trafford i weld *Manchester United* yn chwarae'n erbyn *Leeds* ar fore Sadwrn. Roedd o eisiau talu dyled i mi medda fo oherwydd mai fi aeth â fo i weld *Man U* am y tro cyntaf gyda thrip o ffatri Peblig, Caernarfon, lle roedd fy nhad yn gweithio ers talwm.

Cawsom siwrnai fendigedig yn ôl a blaen o Fanceinion, yn ail adrodd hanesion a phethau oedd wedi digwydd i'r ddau ohonom dros y blynyddoedd. Dwi'n ama dim nad oedd o'n meddwl am ysgrifennu stori am y 'siwrna'. Yn anffodus ni chafodd amser, ac er mai un gwael dwi 'di bod erioed am ddelio â salwch, mae'n edifar gen i nad es i'w weld yn y dyddiau olaf. Pa fodd bynnag, dwi'n cysuro fy hun yn y ffaith fy mod wedi cael y pleser o'i gwmni ar hyd y blynyddoedd, o greigiau'r Garnedd i Gaerfyrddin a'i annwyl Old Trafford. Diolch Eirug Wyn – mae Cymru yn llawer tlotach hebddot.

Y *'LANGUAGE SOCIETY GREEN'* A LLIWIAU ERAILL
Alwyn Ifans (cyn bartner busnes!)

HAF 1970 OEDD HI – y fo ar wyliau o Goleg y Drindod, a finnau o'r Normal. Yn Butlins y ces i waith tymhorol y flwyddyn cynt, ond dwi ddim yn siŵr lle bu Eirug.

Daeth yr *entrepreneur* i'r amlwg yr haf hwnnw. Toedd o ddim yn gweld dim synnwyr o gwbwl mewn gweithio'n galed dros y gwyliau er mwyn i eraill wneud elw ohono fo ac fe gymerodd rhyw funud i fy mherswadio fi i gyd-weld ag o. Ond be fedrai'r ddau ohonom ni ei wneud ar y cyd? *Odd jobs* oedd yr atab – llnau ffenestri, torri gwair, paentio ac yn y blaen.

Dyma ofyn i mam a dad yn Rhiwlas – "'Sa chi'n licio i ni llnau ffenestri i chi?" Dim problem, y joban gyntaf wedi i leinio i fyny; mi roedd Yncl John ac Anti Heulwen yn byw drws nesa i ni – mi fasan nhw'n dod yn gwsmeriaid hefyd, a chyn pen dim roedd tua deg o deuluoedd Bro Rhiwen yn gwsmeriaid parod.

Fel gyda dechrau sawl cwmni mi fu yna *teething troubles*. I ddechra toedd gynnon ni ddim ysgol oedd yn ddigon hir i gyrraedd ffenestri'r llofftydd. "Dim problem," medda fo, "Mi wn i lle gawn ni rai."

Felly ar fore dydd Llun, dyma fo'n landio acw yn Bendigeidfran – Austin A30 du – un o 'gerbydau'r chwyldro' yn ôl Eirug – gyda dwy ysgol anferth wedi eu rhaffu ar y to. Fe fwmbliodd rywbeth wrth mam nad oedd angen ysgolion yng nghapel Cefn-y-Waun, am dipyn beth bynnag. Tŷ ni oedd y prawf cyntaf – braidd gormod o sebon – trochion dros bob man, ac wrth drio sychu gyda'r cadach daeth patrymau hyfryd o seithliw'r enfys ar ffenast llofft dad a mam. Beryg fy mod i wedi defnyddio'r cadach anghywir, hwnnw yr oedd o newydd ei ddefnyddio y bore hwnnw i sychu y dipstic ar ôl tsiecio oel y car!

Gwella wnaeth pethau, a chan fod gan un o deuluoedd Rhiwlas berthnasau yn Eithinog, Bangor, dyma gael cwsmer yn y fan honno. Ond yn fanno y dysgon ni am y byd 'cystadleuol' – toedd yna lanhawyr ffenestri proffesiynol, llawn amser yn mynd o gwmpas Bryn Eithinog ac fe gawsom ein bygwth gan ddweud wrthym lle y bysan nhw'n rhoi ein pwcedi os na fasan ni'n i gluo hi oddi ar i patsh nhw. Dyma fynd oddi yno'n reit sydyn. "Duwcs, mi roedd costa petrol mynd i Fangor yn torri ar yr elw, beth bynnag," oedd yr ymateb.

Ychydig o ddyddiau'n ddiweddarach, dyma gais yn dod oddi wrth Bwyllgor Neuadd Bentre Rhiwlas – angen paentio'r neuadd – mi fuasan nhw'n talu am y paent, a ni yn paentio; mi roeddynt angen rhywun ifanc, ysgafndroed i fynd i ben y to, beth bynnag. Neuadd wedi ei hadeiladu tua dechrau'r Dau Ddegau oedd y neuadd – shitia sinc coriwgeted drosti, efo'r to yn hanner crwn fel bwa. Mi gymeron ni'r gwaith, ond o, am baent sâl – gwyrdd llachar, yn dena fel dŵr, ac yn drewi o betrol. Mi roedd o'n gythreulig o anodd i'w gael oddi ar eich croen, ac yn amhosibl i'w gael oddi ar eich dillad.

Mi roedd yn rhaid gorffen yn gynnar un diwrnod – mi roedd o'n mynd i gyfarfod Gwenda tua 7 a rhaid oedd gorffen tua 3 er mwyn cael digon o amser i fynd drwy'r broses lanhau. Mi aeth trwy alwyni o baraffîn a phwysi o gadachau.

'Tarddiad' c.1967 – *Eirug Wyn, Phillip Jones, Michael Lennon, John Alan Roberts, Graham Ward, John Wyn Roberts a Dafydd Mei*

Doedd yr un o'r ddau ohonom yn rhyw hapus iawn ar ben to'r neuadd – a dim ffansi mynd yn ôl i'w ben y diwrnod canlynol, felly dyma fo'n cael brenwef – y fi i dywallt y paent o'r pot ac yntau yn dod ar fy ôl gyda brwsh llawr i frwshio'r paent ar hyd y coriwgeted, yn union fel y gwelsoch chi mewn gêm *curling*. Do, mi weithiodd y cynllun, ac fe gyrhaeddodd Langefni erbyn 7 wedi llwyr lanhau, er yn arogli rhyw fymryn o baraffin.

Roedd y paent ar gael yn hen le Finneys ym Mangor a phob tro yr oeddan ni'n mynd yno roedd y boi'n gofyn, "*Which green, aye?*". Buan iawn y daeth i ddeall mai'r *Language Society Green* yr oeddan ni ei angen; a dwi'n ama'n gry iawn fod gweddillion (sylweddol!) sawl pot paent wedi ffeindio'u ffordd yn ôl i Glanffrwd, cartref Eirug!!!

Mae'n rhaid fod y neuadd yn edrych yn reit dda ar ôl ei pheintio oherwydd cawsom dipyn o waith yn yr ardal – ni oedd yn gofalu am y paent y tro yma – felly mynd am y rhata oedd hi bob tro. Finneys eto – a thoeau cytiau glo yng nghefn Rhes Uchaf, Rhiwlas, yn edrych yn smart iawn mewn lifrau *Post Office Red*.

Mi roedd o'n dipyn o fecanic hefyd. Mi roedd gan ei dad *Hillman Minx*, ond nid oedd yn tynnu'n dda iawn i fyny'r gelltydd a rhyw natur methu nawr ac yn y man arno. "Ishio greindio falfia sydd," medda Eirug wrth ei Dad. "Mi wna i, arbad i chi dalu costa garej, a mi wnaiff Alwyn fy helpu." Mi roeddwn i mewn tipyn o sioc oherwydd roedd fy nealltwriaeth i o beiriannau car y nesa peth i ddim, ac nid oeddwn i'n siŵr faint oedd o'n wybod chwaith. Prun bynnag, mi gafodd fenthyg *block and tackle* a tsheini o rywle, a'u gosod o'r trawst yn y garej, a oedd drws nesa i'r tŷ. Mi stripiodd yr injan i lawr yn ofalus, gan labelu popeth, a rhestru ym mha drefn yr oedd y broses yn mynd. Roedd angen codi'r injan, rhoddwyd y tsheini amdani a dechra tynnu ar y *block and tackle*. Fe swniai'r *block and tackle* fel pe bai'n gweithio'n ardderchog, ond yn anffodus, nid oedd yr injan yn codi fodfedd. Dyma edrych i fyny – dyna lle roedd y trawst wedi plygu fel pedol, a'r to yn dechra gwegian. Rhaid oedd llacio ar frys; eiliad arall a buasai to'r garej i lawr am ben y car a ninnau. Ond trwy ddyfalbarhad a llawer o amynedd – fe lwyddwyd i godi'r injan. Cafodd y falfiau eu "greindio" ac mi roedd car y Parch J. Price Wynne yn barod i fynd â fo i'w gyhoeddiad y Sul canlynol!

Mi roedd tad Eirug yn flaenllaw iawn gyda'r Weinidogaeth Iacháu. Yn ystod y cyfnod yma roedd 'na wraig wedi'i 'hachub drwy ffydd' ac fel arwydd o'i gwerthfawrogiad rhoddodd dŷ, yn agos iawn i Post Bach, ar Stryd Llyn yng Nghaernarfon i'r Weinidogaeth Iacháu. Pwrpas y tŷ oedd cael lle i gynnal cyfarfodydd yno unwaith yr wythnos a chael man cyfarfod i rywun oedd angen sgwrs. Ond, ac mi roedd yn ond mawr, roedd 'na waith paentio a phapuro aruthrol y tu mewn i'r tŷ. Cael cynnig y gwaith trwy ei dad wnaeth Eirug, ac mi gytunodd partneriaeth 'Wyn ac Ifas' y buasent yn derbyn y sialens, ac mi roedd hi'n sialens! Roedd yn rhaid crafu'r paent a'r papur wal, ond yn anffodus roedd yr hen blastar yn dod i ffwrdd i ganlyn y papur. Roedd y llwch yn gythreulig – y ddau ohonom yn tagu a thisian bob yn ail ac yn dod oddi yno fel dau ddyn glo. Mi ddaru ni gario 'mlaen ond cyn pen yr wythnos roedd y ddau ohonom yn eithriadol o anwydog a myglyd – mi drodd yn fronceitis ar Eirug a bu yn ei wely am wythnos a mwy. Gadawyd y tŷ yn Stryd Llyn i rywun arall ei orffen.

Daeth y gwyliau i ben ac fe ddaeth y Cwmni i ben hefyd, ond fe barhaodd y cyfeillgarwch a'r chwerthin tan y diwedd.

Y PLATIAU 'D' A 'STEDDFOD Y MILENIWM
Dafydd Meirion

ROEDDWN I YN YR YSGOL hefo Eirug. Roeddwn i flwyddyn yn hŷn nag o, ond deuthum i'w nabod yn dda yn y Chweched Dosbarth.

Eirug wnaeth fi'n genedlaetholwr. Mi ddechreuon ni grŵp efo'n gilydd a chaneuon Saesneg oeddem yn eu chwarae tan i Eirug ofyn un diwrnod, "Pam na wnawn ni ganu rhywbeth yn Gymraeg?" A chan mai Cymraeg roedden ni i gyd yn ei siarad, pam lai? Eirug oedd y gitarydd gorau, a fo felly oedd y prif gitarydd. Fo hefyd oedd y mwyaf huawdl ohonom, a fo felly fyddai'n cyflwyno'r caneuon.

Roedden ni'n ymarfer yn ei gartref un diwrnod – dwi'n credu mai hanner tymor Diolchgarwch oedd hi, ac roedden ni'n brin o dannau. Felly dyma Eirug yn gofyn am gael benthyg car ei Dad, a chan nad oedd o wedi pasio ei brawf roeddwn i wrth ei ochr fel 'gyrrwr profiadol'. Prynwyd y tannau yng Nghaernarfon, ac er i ni fynd i'r dref trwy Frynrefail, penderfynwyd mynd yn ôl i Ddeiniolen trwy Benisarwaun i gael gweld y difrod yr oedd yr *FWA* wedi ei wneud i glwb y Sais yn y pentref. Roedd y lle'n berwi o blismyn, ond yn amlwg roedd un heb fawr ddim i'w wneud, oherwydd gwelodd mai dwy 'D' oedd ar gar tad Eirug. Mae'r gweddill, wrth gwrs, yn hanes.

Mi gollon ni gysylltiad pan es i i'r coleg ac iddo yntau wedyn setlo yng Nghaerfyrddin ac agor siop, wedi ei bwl o addysg uwch. Galwad ffôn ddaeth â ni at ein gilydd unwaith eto. Roedd gen i fusnes cysodi, ac roedd Eirug eisiau cyhoeddi *Geraint Llywelyn* gan ei frawd yng nghyfraith, Wil Lewis. Cysodwyd y llyfr, a daeth Eirug i dalu – a dyma'r tro cyntaf yn fy mywyd i mi weld papurau hanner canpunt! Rholyn mawr ohonyn nhw!

Symudodd Eirug a Gwenda i fyw o fewn rhyw ganllath i mi yn y Groeslon. Cerddem yn rhan o griw'r Groeslon i lawr i'r Goat yn Llanwnda bob nos Iau, a thrwy hynny, a'r ffaith fod Eirug yn un o berchnogion Argraffdy Arfon ym Mhen-y-groes, roedden ni'n gweld ein gilydd yn aml. Ond nid argraffu a gwerthu llyfrau oedd unig weithgareddau busnes Eirug. Un tro roedd o wedi prynu llwyth o hylif golchi gwallt neu ddwylo neu... rywbeth. Roedd am ei botelu mewn poteli bach, ac roedd angen labeli arnyn nhw, a daeth ataf fi i gynllunio labeli *Ogla Da*. Doedd yr ogla ddim mor dda â hynny, ac yn sicr doedd yr hylif yn dda i ddim i olchi. Defnyddiais botel gyfan i olchi fy ngwallt unwaith – ond o leiaf chollais i mohono fel y gwnaeth rhai, yn ôl y sôn.

Bûm fwy nag unwaith ar deithiau prynu gydag Eirug, i Fanceinion ran amlaf. Mynd o un warws i'r llall yn haglo gyda'r perchnogion, ac Eirug yn nodi pob pris mewn llyfr bach. Ennill ceiniog yma ac acw ac yn y diwedd dychwelyd i'r lle'r oedd y fargen orau, sef y warws cyntaf yr aethon ni iddo! Cofiaf hefyd fynd gydag o i ffair nwyddau twristiaeth yn Llandudno. Ffair o nwyddau Cymreig oedd hon i fod, ond buan y sylwodd Eirug ar y geiriau *Made in Hong Kong* wedi eu stampio ar din un o'r doliau 'Cymreig'. Bu'n dadlau â pherchennog y stondin nad dol Gymreig oedd hon ond dol o Hong Kong. Rwy'n credu mai hon oedd yr unig ddadl iddo'i cholli!

Roeddwn i'n cyhoeddi cryn dipyn o lyfrau erbyn hyn, ac Argraffdy Arfon yn argraffu nifer ohonyn nhw, ond roedd rhaid gyrru'r llyfrau o'r ardal i'w rhwymo. Penderfynwyd felly y byddem yn ffurfio cwmni rhwymo llyfrau, gan gynnig y gwasanaeth i weisg eraill – syniad Eirug unwaith eto. Cynghorwyd ni i ffurfio cwmni cyfyngedig, a chafwyd cyfarfod yn ei gartref i lenwi'r ffurflenni. Roedd rhaid dewis mwy nag un enw i'r cwmni rhag ofn y byddai'r dewis cyntaf eisoes wedi ei gymryd. Cwlwm oedd enw'r cwmni i fod, ond yr ail ddewis roddodd Eirug ar y ffurflen oedd Cedor. Yn ffodus, derbyniodd yr awdurdodau yr enw cyntaf!

Y tro olaf i mi weld Eirug ar ei orau oedd yn Eisteddfod y Mileniwm yn y Goat yn Llanwnda. Fo oedd wedi ei threfnu wrth gwrs, a fo oedd yn arwain y gweithgareddau. Cafwyd pob math o gystadlaethau, yn amrywio o orffen limrig i yfed peint drwy deits Ann, y dafarnwraig – rhai glân, nid y rhai oedd amdani! Bu'r noson yn llwyddiant mawr, ac yn ôl traddodiad eisteddfodau lleol trefnodd Eirug fod rhestr y buddugwyr yn ymddangos yn *Lleu*, y papur bro lleol!

EISTEDDFOD GADEIRIOL Y GOAT 1999/2000

Rhagfyr 31ain hyd Ionawr 1af.
(EISTEDDFOD DWY GANRIF!)

Llywydd Anrhydeddus: Miss Ann Gruffydd O.B.E.

Beirniad Cerdd
Madam Badbreth Brennig-Rowlands

Beirniad Adrodd
Mr Cnotgoc Thomas

Beirniaid eraill
Mr Dallgont Morgan, Mrs Domestos Davies,
Y Barnwr Hebfôls Daniel, Y Parchedig Pricffast Prosser,
Lady Hongianna de Frestia a Miss Fflachgach Ffransis.

Cyfeilydd
Miss Pissme Price LRCM

Arweinydd
Syr Ayricke Wind

RHEOLAU
- Rhaid i bawb sydd yn bresennol gystadlu ar o leia un peth
- Rhaid i bob cystadleuydd fod yn feddw
- Ni chaniateir gwrthdystiad cyhoeddus
- Bydd hawl gan y Llywydd Anrhydeddus a'r Arweinydd i newid y rheolau a chreu rhai newydd wrth fynd ymlaen

Arwyddair yr Eisteddfod
"Gorau peint, peint Ann Goat"

CAERFYRDDIN
'Coleg a Charchar'

YR YMGYRCHWR LLAWEN
Terwyn Tomos

CYFARFÛM AG EIRUG am y tro cyntaf yn Eisteddfod Genedlaethol y Fflint ym 1969, prin chwech wythnos cyn i'r ddau ohonom gychwyn ar ein gyrfa golegol yng Ngholeg y Drindod, Caerfyrddin. Waeth i mi gyfaddef ddim, doeddwn i fawr o genedlaetholwr cyn yr eisteddfod honno, ond bu cyfarfod â chriw o aelodau Cymdeithas yr Iaith, Eirug yn eu plith, yn fodd i'm deffro rhyw ychydig.

Yn ystod y tair blynedd cyffrous hynny yn y coleg, yn arbennig felly ar ôl i Gwynfor Evans golli ei sedd yn etholiad 1970, bu cymryd rhan yn ymgyrch arwyddion y Gymdeithas yn ffordd o fyw bron. Nid yw'n fwriad gennyf fynd i fanylion am ein hanturiaethau, ond mi gyfeiriaf at ddwy yn arbennig.

Roedd Eirug wrth ei fodd yn chwarae mig gyda'r heddlu. Yr oedd gan swyddfa'r Heddlu yng Nghaerfyrddin yn y cyfnod hwnnw arwydd uniaith Saesneg ar ymyl y ffordd, a bu'n destun cryn dynnu coes a bygythiadau chwareus gan aelodau'r Gymdeithas. Yr oedd yn arfer gennym yn lled aml fin nos i grynhoi gerllaw'r arwydd a chynnal rhyw ffug gyfarfod yn bygwth ei dynnu i lawr. Eirug oedd y prif areithiwr, a mawr oedd yr hwyl wrth i geir heddlu sgrialu i lawr yr hewl fer o'r swyddfa tuag at yr arwydd i'w amddiffyn. Ymhen hir a hwyr, cafodd yr heddlu ddigon ar hyn, a chredwch neu beidio, dyma nhw'n gosod larwm ar yr arwydd. Dim ond i rywun gyffwrdd â'r *Dyfed Powys Police Headquarters*, canai cloch yn y swyddfa, a rhuthrai'r heddweision i amddiffyn eu heiddo. Syniad Eirug felly oedd, bob tro y buasai un ohonom yn mynd heibio i'r fan y buasem yn rhoi ysgwydad i'r arwydd a rhedeg oddi yno. Dyna wnaed, dro ar ôl tro – cloch y larwm yn canu, plismyn yn rhuthro allan, a dim sôn am neb wrth yr arwydd. Cafodd yr heddlu ddigon ar hyn, ac fe benderfynon nhw fod angen rhywun i ofalu am yr arwydd – a bob nos am wythnosau yr oedd plismyn mewn car, Morris 1300 tywyll, yn cadw llygad ar fynedfa Swyddfa'r Heddlu o ochr draw i'r hewl. Ond os oedd yr heddlu'n meddwl mai dyma ddiwedd y mater, roedden nhw'n bell o'u lle. Bob nos, yr oedd rhywun o blith y myfyrwyr yn cerdded heibio i'r arwydd – a phe na bai'r car yn digwydd bod yno, dyna ganu'r larwm a rhedeg. Daeth y saga i ben gydag Eirug a minnau'n cerdded heibio'n hwyr ryw noson a gweld nad oedd y plismyn ar wyliadwriaeth. At yr arwydd â ni, ond yn wahanol i'r arfer dyma Eirug yn gafael yng ngwifren y larwm a rhoi yffach o blwc iddi nes iddi ddod yn rhydd. Daliodd ei afael ynddi wrth redeg, gan ei rholio i fyny'n belen wrth fynd – erbyn i'r plismyn gyrraedd, doedd dim sôn am Eirug a minnau na'r wifren! Yn ôl yr hanes, defnyddiodd Eirug y wifren i ailweirio'i gar – ond alla i ddim bod yn siŵr o hynny.

Yr ail antur oedd yr achosion a ddilynodd chwalu pob arwydd ffordd ar yr A40 rhwng Caerfryddin a Hendy-gwyn ym Mai 1971 – gan Eirug, Alwyn Gruffudd a minnau. Mae'r hanes i'w gael yn llawn yng ngeiriau Eirug ei hun yn *Wyt Ti'n Cofio?* (gol. Gwilym Tudur, Y Lolfa, 1989). Arweiniodd y noson honno at achos hanesyddol yn Llys Ynadon Caerfyrddin, gan mai hwn oedd yr achos cyntaf i aelodau Cymdeithas yr Iaith geisio mynnu cael achos uniaith Gymraeg. Dywedodd Cadeirydd y Fainc y buasai'n taflu allan unrhyw un a fyddai'n amharu ar waith y llys, felly cystal fyddai iddynt adael yn syth, ond wrth i ni'n tri geisio gadael y doc, fe waeddodd Clerc yr Ynadon yn chwyrn – "Nid chi!". Methwyd cynnal yr achos, ac fe'i taflwyd ymlaen i Lys y Goron. Bu'n rhaid gohirio yr achos cyntaf yn Llys y Goron hefyd, gan fod Eirug, Alwyn a minnau wedi ein cipio i'n rhwystro rhag cyrraedd y llys. Cafodd Eirug a minnau ein harestio'n ceisio cyrraedd Cyfarfod Cyffredinol Cymdeithas yr Iaith yn Aberystwyth, ond llwyddodd Alwyn i gyrraedd pen ei daith, a chael croeso tywysogaidd gan y cynadleddwyr cyn ildio'i hun yn Swyddfa'r Heddlu. Fe'n cadwyd yn y ddalfa tan yr achos, gan lenwi'r oriau gweigion yn darllen, sgwrsio a difyrru'n hunain. Yn ystod y cyfnod hwnnw, dysgodd Eirug i mi siarad *back-slang* – iaith yr oedd e'n gwbl rugl ynddi. Peth arall y gallai wneud oedd cyfansoddi barddoniaeth aruchel – a swniai'n hynod o debyg i gampweithiau oedd eisoes yn bod. Fe'i cofiaf yn gwbl glir yn eistedd ar ei wely am gryn hanner awr yn chwysu galwyni wrth 'gyfansoddi' englynion coffa Hedd Wyn!!

Pan gyrhaeddwyd Llys y Goron yn y diwedd, ychwanegwyd at y perfformiad gan gyfieithu carbwl Carellio Morgan, un o'r ychydig gyfieithwyr oedd yn barod i weithio mewn llysoedd yr adeg honno. Mawr fu'r chwerthin wrth iddo gyfieithu *prosecution* fel 'erledigaeth', *telephone* fel 'pellebrydd' ac *illuminated road-sign*s fel 'arwyddion gyda goleudy ynddynt'. Ond y berl fwyaf ddaeth o'i enau oedd wrth i Eirug ei herio trwy ddweud "Ddwedes i ddim o hynna!" Ymateb Carellio oedd "*I know – but that's what you implied!*"

Terfyn yr achos fu i ni'n tri cael ein hanfon i Ganolfan Gadw ym Mrynbuga. Un Cymro a weithiai yno, gŵr o'r enw Bryn Owen o ardal y Friog. Bu'n gefn ac yn gymorth yn ystod ein harhosiad yno, a deallais wrth Eirug flynyddoedd wedyn i'r ddau ohonynt gadw mewn cysylltiad am gyfnod hir wedi i ni gael ein rhyddhau.

Cyfnod cyffrous oedd hwnnw yn ein bywydau ni, a chyfnod a gyfoethogwyd gan unplygrwydd, dycnwch a hiwmor Eirug wrth ymroi i'r ymgyrchoedd iaith. Yng nghanol y nos ger Bronwydd un tro, a ninnau'n taflu arwydd *Newcastle Emlyn* i ebargofiant yr afon islaw, fe ddwedodd Eirug, "Mae gwneud hyn yn bwysig, ac mae e'n gallu bod yn boendod – ond, Iesu, mae e'n hwyl hefyd!"

'CÔT Y CHWYLDRO...'
Tecwyn Ifan

ROEDD EIRUG WYN YMHLITH yr hanner cant a mwy a gafodd eu harestio am darfu ar Lys y Goron yng Nghaerfyrddin un dydd Gwener ar ddechrau'r 70au – pan ddedfrydwyd ni i dreulio penwythnos dan glo. Daethpwyd â bws i'n cario i'r carchar ac ar y ffordd yno roedd y bws yn fôr o gân. Wedi mynd drwy emynau a chaneuon gwerin a phrotest y dydd, dyma rhywun yn taro ar y 'rhigwm' –

> "H.M. Prison! Ha! Ha! Ha!
> H.M. Prison! Ha! Ha! Ha!"

Y rhywun hwnnw oedd Eirug.

Cyn hir, dyma waedd o ben blaen y bws, "*You won't be singing on Monday morning, lad!*"

Ond mi roedd yna ganu a chwerthin ar y bws nôl i Gaerfyrddin ddydd Llun hefyd – a hynny ar ôl deuddydd o rialtwch a hwyl na welodd Carchar Abertawe ei fath na chynt na chwedyn. Fe gadwodd Eirug ysbryd pawb.

Wedi agor Siop y Pentan a symud i fyw i'r adeilad yn ddiweddarach gyda Gwenda, daeth y siop yn gyrchfan i lawer mwy na thrigolion yr ardal oedd am brynu llyfrau a recordiau Cymraeg. Yr oedd hefyd yn ganolfan i gynllwynio teithiau hwyrol i baentio neu dynnu arwyddion Saesneg, i drefnu gwrthdystiadau mewn llysoedd, ac i gynhyrchu ambell record danddaearol!

Y tu ôl i'r siop roedd yna sied neu hen garej lle storiwyd y tuniau, y brwshis a'r torrwr byllt. "Gorwedd côt y chwyldro ar lawr y garej ..." – fanna y gwelais i hi ddiwetha.

Fel rheolwr y grŵp Ac Eraill, dywedodd Eirug wrthyf rhyw ddiwrnod bod isie i mi gael gitâr newydd, ac y bydde fe'n galw amdanaf yn gynnar iawn ar fore penodedig i fynd â mi i Lundain. Roedd e gyda fi tua 5.00 a.m. ac erbyn naw roeddem yn cerdded palmant Shaftsbury Avenue yn disgwyl i'r siopau gitârs agor. Wedi bod mewn nifer ohonynt, dyma ddewis gitâr o wnaethuriad *Tama* fel yr un oedd gan Ralph McTell. Eirug oedd yn talu – a minnau'n talu nôl iddo bob yn dipyn wedyn.

Rwy'n cofio noson wedi ei threfnu gan Adfer yn steddfod Cwm Rhymni adeg amser achos *Lol*. Fe a fi oedd i fod i gymryd rhan ond ddaeth yna neb bron i'r noson! Gorweddai Eirug ar ei hyd ar gadeiriau lleder du clwb y gweithwyr ym mhen ucha'r cwm a'i freichiau tu ôl i'w ben. "Dwi'm yn gwbod p'un ai i grio neu chwerthin," meddai.

Wrth gofio am Eirug rwy'n teimlo rhywbeth yn debyg. Ond diolch amdano ac am iddo roi i ni gymaint i'w gofio.

COLEG A CHERDDI
Iwan Morgan

YM MEDI 1969 y cwrddais i ag Eirug gyntaf, a hynny tu allan i ddrysau Adran Gymraeg, Celfyddyd a Thechneg Drama Coleg y Drindod, Caerfyrddin. Roedd y ddau ohonom wedi dewis astudio'r un pynciau, a'n bryd ar geisio ennill tystysgrifau mewn addysg yn y sefydliad academaidd hwnnw. Bu i ni'n dau gwblhau'r cwrs yn llwyddiannus. Cefais i swydd athro yn fy Sir Feirionnydd enedigol, ond llwyddodd coegni un neu ddau o uwchddarlithwyr nid anenwog droi Eirug oddi wrth y syniad o fod yn athro. A dyna resyn mawr. Hoffai blant yn angerddol, ac fe gymrai plant ato yntau fel gwenyn at bot jam.

Roedd blas cas arwisgiad Carlo yng ngheagu nifer o fyfyrwyr colegau Cymru yr adeg honno – a doedd y Drindod ddim yn eithriad, gyda seiniau *I'r Gad* yn atsain yn Stafell Gyffredin y Coleg a lolfa'r Ceffyl Du. Daeth yr ymgyrch falu arwyddion ffyrdd i'w bri, a chwaraeodd y cenedlaetholwr brwd o Ddeiniolen ran flaenllaw yn honno. Cofiaf achos Abertawe yn Nhachwedd 1971, pan ddedfrydwyd ef i garchar am chwe mis gan y Barnwr Croom-Johnson. Roedd ambell i ddarlithydd fel Ifan Dalis Davies a'r diweddar Robert Maldwyn Jones yn gefnogol iawn, ond tueddai'r rhai a ystyriai eu hunain yn aelodau 'mwy parchus' y sefydliad i feirniadu 'agwedd faleisus myfyrwyr penboeth o Gymry Cymraeg'. Pa ryfedd felly i Eirug nodi mewn cwpled yn un o'i gywyddau ataf:

Ofer dod i lyfrau da
Aneurin a'r hen Nora.

Dros gyfnod o dair blynedd yn y Drindod, daeth Eirug, Gwenda a minnau'n gyfeillion mawr, ac roeddwn ymysg y dyrnaid o gydfyfyrwyr a gafodd y fraint o fynd i'w priodas ym 1973. Cafodd Alwena a minnau'r pleser o gael eu cwmni hwythau'n ein priodas ninnau rai blynyddoedd wedi hynny. Cadwem mewn cysylltiad trwy gyfrwng cardiau Dolig dros y blynyddoedd. Ers sawl blwyddyn bellach mae Gwenda'n athrawes yn y Ganolfan Hwyrddyfodiaid sydd ar gampws fy ysgol ym Mhenrhyndeudraeth, ac felly'n aelod allweddol o'r tîm o gydweithwyr cyfeillgar, cytûn sydd acw.

Rhyw greadur digon swil a diniwed oeddwn i nôl ym 1969. Treuliais saith mlynedd yn Ysgol Uwchradd Tywyn, Meirionnydd – ysgol Seisnigaidd iawn o'i chymharu â nifer o ysgolion gogledd orllewin Cymru yr adeg honno, ac un sy'n dal i fod felly, mae'n debyg. Ar wahân i blant pentrefi Corris, Abergynolwyn a Bryn-crug, ychydig yn wir o'i disgyblion a arferai'r Gymraeg bob dydd. Ond diolch i ddylanwad y cartref, y gymdeithas leol yng Nghorris fy mhlentyndod, ac ychydig o'm hathrawon, llwyddais i fagu cariad at y pethe.

Hoffwn rigymu, ac roedd gennyf grap ar y cynganeddion. Yng nghwmni Eirug yn nyddiau'r Drindod y cefais ddatblygu'r awch i gynganeddu, ac mae fy nyled yn fawr iddo. Mewn darlithoedd sych ac yn ystod gwyliau coleg, byddai'r ddau ohonom yn ysgrifennu englynion a chywyddau at ein gilydd. Darlithwyr, cydfyfyrwyr neu bethau oedd yn rhan o fywyd bob dydd fyddai'r testunau.

Ychydig iawn o grefft fyddai i'n hymdrechion gan mai cynganeddu geiriau fydden ni'n amlach na pheidio. Ond fe gawson ni lond trol o hwyl. Peth arall fydden ni'n wneud oedd aralleirio rhai o ganeuon poblogaidd y dydd a bloeddio'u canu'n lolfa'r 'Ceff'. Cafodd *Lleucu Llwyd* y Tebot Piws ymdriniaeth o'r fath unwaith.

Yn fy ymwneud academaidd a chymdeithasol ag Eirug, deuthum yn ymwybodol iawn o'i ddawn i ysgrifennu mewn amrywiaeth o ffurfiau. Bu i'r ddau ohonom ennill cadeiriau yn Eisteddfod Cymdeithas Gymraeg y Coleg. Enillodd Eirug am awdl wedi ei chyflwyno i mi – un yn adrodd ei hanes yng ngharchar Brynbuga cyn y Nadolig 1971. Roedd y beirniad, y diweddar Brifardd Dafydd Rowlands, fel finnau wedi cael modd i fyw gyda'r disgrifiadau anfarwol a frithai'r gerdd. 'Bywels Broom-Ffricshyn' oedd ei ffugenw fel y cofiaf yn dda – hynny'n adlewyrchu enw'r Barnwr a'i dedfrydodd ac effaith y bwyd ym 'mhalas y brenin', Brynbuga. Synnais i ddim, ymhen dwy flynedd wedi hynny, fod Eirug wedi llwyddo i gipio Coron Eisteddfod yr Urdd y Rhyl a'r Cyffiniau am y gwaith gwreiddiol hwnnw dan y ffugenw 'Yn ei Arch'.

Soniodd ei gyfaill mynwesol, Elfyn Llwyd, mewn teyrnged goffa arbennig ar ddydd ei angladd am ei gastiau direidus. Cefais innau'r profiad o syrthio i drap un o'r castiau hynny unwaith. Pan enillais gadair Eisteddfod y Wladfa ym 1976, trefnwyd i mi fynd i Westy'r Royal Cumberland, Marble Arch, Llundain i gyfarfod â dirprwyaeth o Archentwyr oedd am gyflwyno model o'r gadair i mi. Derbyniais alwad ffôn gan wraig ddeheuol ei hacen a honnai fod yn ysgrifenyddes i A.S. Caerfyrddin ar y pryd, a chefais lythyr ar bapur swyddogol 'San Steffan' gan neb llai na'r Dr Gwynfor Evans ei hun – yn manylu ar y trefniadau. Bu i minnau drefnu gyda chyfeillion i gael aros gyda nhw dros nos yng Nghyffordd Clapham.

Cychwynnais yn blygeiniol un Sadwrn ym mis Tachwedd i ddal trên yn yr Amwythig. Ond er i mi gyrraedd y Cumberland mewn da bryd, welais i byth y ddirprwyaeth o'r Wladfa. Doedd Gwynfor ddim yn gwybod dim o'u hanes chwaith pan gysylltais ag ef i holi. Sut bynnag, cefais amser cofiadwy gyda'm cyfeillion yn y ddinas fawr – diolch am hynny! Fe allai pethau wedi bod yn dra gwahanol yn hanes rhyw ddiniweityn bach o ganol llechi Corris Isaf!

Pwy ond y digymar Eirug Wyn fyddai wedi meddwl am y fath beth, er iddo wadu hynny bob tro y crybwyllwn yr hanesyn wrtho. Nid cyd-ddigwyddiad oedd y ffaith fod Siop y Pentan Caerfyrddin a Swyddfa'r Blaid yn agos iawn at ei gilydd yn Heol Dŵr! A pheth arall, os edrychwch yng nghyfansoddiadau a beirniadaethau Prifwyl Caerdydd (1978) a darllen beirniadaeth Dafydd Iwan ar y faled, fe ddewch ar draws cyfeiriad at y digwyddiad. Fe wn i pwy oedd yr awdur!

I gloi, dyma un ffaith ddiddorol arall. Anfonwyd *Baled y Gawc* (a gyhoeddwyd wedyn yn enw 'Derec Tomos') i'r un gystadleuaeth. Roedd Eirug a minnau'n gyfarwydd iawn â'r digwyddiad a arweiniodd at ei chyfansoddi. Ond stori arall ydy honno!

NABIO'RLLEIDR
Dai Protheroe Morris

Prynhawn bach tawel yn Siop y Pentan, Caerfyrddin. Dim ond Eirug a minnau yn y siop. Cwsmer yn dod i mewn i siarad ag Eirug, a minnau yn troi at y silffoedd llyfrau i edrych ar y stoc newydd. Yn sydyn mae Eirug yn rhuo o du ôl y cownter ac yn pwyntio ata'i.

"Weles i beth wnaethoch chi rŵan, y lleidr digywilydd. Allan o ma'n syth, a pheidiwch â byth dod nôl!!!"

Y cwsmer arall yn syfrdan a minnau'n tagu chwerthin, ac yn gwrido at fôn fy nghlustiau run pryd.

CYFEILLION
'Derec, Gustav ac Ioan Fedyddiwr'

TEYRNGED I EIRUG
Elfyn Llwyd

CWRDDAIS AG EIRUG am y tro cyntaf mewn gwrthdystiad Cymdeithas yr Iaith yn nechrau'r saithdegau. Dau greadur tebyca welsoch chi i Ioan Fedyddiwr – yn feirf a gwalltiau hirion – dau hefyd yn rhannu delfrydau clodwiw. Dau yn credu mewn hunanlywodraeth a gallu y Cymry i ofalu am ein hunain, a dau ymysg llawer oedd yn poeni am yr iaith a'n cenedl a'r angen i sicrhau llai o ryfela yn y byd a mwy o heddwch a chyd-ddealltwriaeth. Roedd unrhyw beth yn bosib i ni y pryd hynny.

O'r diwrnod cyntaf daethom yn gyfeillion, ac fe ddatblygodd y cyfeillgarwch hwnnw dros y degawdau a aeth heibio. Mae ein teuluoedd wedi rhannu llawer o wyliau pleserus a chofiadwy mewn llawer gwlad ac fe chwaraeodd Eirug ran sylweddol yn ein bywydau oll.

Mae'r dasg yma yn un anodd tu hwnt – ceisio crisialu'r holl agweddau oedd yn rhan o fywyd y dyn rhyfeddol hwn. Yn wladgarwr pybyr ac eofn, yn llenor adnabyddus, yn gapelwr selog, yn gefnogwr *Manchester United*, yn ddyn gajets, yn ddyn ceir, yn ddyn hwylio (am gyfnod byr), yn gefnogwr rygbi, yn golffiwr (am gyfnod byr), yn gasglwr llyfrau, yn feddyliwr, yn benteulu cariadus a gofalus ac yn ddyn feddai ar hiwmor rhyfedd ac od ar adegau. Roedd hefyd yn hael iawn efo'i deulu a'i gyfeillion – fe rannai ei geiniog olaf. Parod ei gefnogaeth, araf i feirniadu.

Bu llu o deyrngedau yn y wasg a'r cyfryngau yn cofnodi ei hanes a'i gefndir. Nid ydwyf am ailadrodd beth a welwyd yn y rheiny – ond mae'n sicr y buasai Eirug yn gwenu wrth weld coffâd iddo yn yr *Independent* a'r *Guardian*!

Serch hynny, mi wnaf gyfeirio at ei hoffter o sôn am straeon yn deillio o'i gyfnodau yn Llanbryn-mair a Deiniolen yn arbennig. Brithiai ambell un o'i sgyrsiau difyr gydag enghreifftiau neu storïau o'r cyfnodau yma – y cyfnodau fydde'n rhoi pleser mawr iddo wrth hel atgofion amdanynt. Wrth drafeilio o Gaerdydd rhaid oedd galw heibio Llan, Llanbryn-mair, i gael cip olwg ar y mans lle'i magwyd.

Soniais am ei gariad at yr iaith – ac fe ddyliwn ddiolch iddo am sawl safiad – yn blentyn ysgol dwy ar bymtheg yn herio'r awdurdodau am yr hawl i arddangos 'D' ar ei fodur. Nid ar chwarae bach yr âi plentyn ysgol i'r berw a sefyll yn gadarn a di-droi'n-ôl. Cafodd bleser ymhen amser wrth weld y frwydr honno'n cael ei hennill drosom ni. Drosom ni hefyd y carcharwyd ef yn ystod berw protestiadau Cymdeithas yr Iaith. At ei gilydd doedd o ddim yn hoff iawn o farnwyr na bargyfreithwyr ac fe hoffai dynnu fy nghoes am hyn yn aml! Teg fydde dweud nad oedd yn edmygwr mawr o'm 'ffrindiau dysgedig' er iddo fod yn ddefnyddiwr mynych o'r llysoedd o bryd i'w gilydd!

Roedd y pethau oedd yn bwysig iddo yn sefyll fel meini cadarn gydol ei oes – ond byddai hefyd yn cael ambell i 'ffad'. Golff yn un a barodd rhyw flwyddyn neu ddwy.

Cyfeiriais at ei gwch. Yr enwog Magi Bont. Cwch bychan i bysgota ynddo – i fod. Dyma fynd allan o Drefor un noson i ddal mecryll. Wedi mynd allan o'r harbwr dyma sylwi fod yna donnau bychain yn llyfu cefn y cwch – ac yn dod drosodd i mewn iddo. Edrych arna'i yn syn a dweud "Dwi'm yn *meddwl* y daliwn ni lawer heno, yr hen foi."

Troi am adref yn erbyn y cerrynt cryf – yntau'n cadw ei ben nes yr oeddem wedi cyrraedd y tir – ac wedyn "panics". Enghraifft o Eirug yn medru rheoli mewn cyfyngder. Dwn i ddim faint o weithiau yr aeth pethau ar chwâl ar ein gwyliau ond yr oedd Eirug bob amser mewn rheolaeth lwyr o'r sefyllfa – a finnau wedi ei cholli'n lân!

Os oedd angen trwsio rhywbeth yn y tŷ gadawai i mi gael cyfle i wneud y gwaith gyntaf, gan guddio gwên. Ymhen deng munud dywedai, "Tyrd o'r ffordd, gad i mi ei wneud," gan chwerthin yn uchel. Roedd yn berson dyfeisgar iawn!

Dangosodd ei ddyfeisgarwch hefyd yn ei waith llenyddol. Magodd Eirug steil arbennig o ysgrifennu ac fe brofodd ei ddyfeisgarwch trwy ei allu i arbrofi gyda sawl ffurf ac arddull. Roedd o hefyd yn wrandawr astud, yn nodi ambell i ddywediad ar gefn amlen – i ymddangos rhyw dro arall yn un o'i gyfrolau ardderchog. Yn ei gyfrol olaf, *Y Dyn yn y Cefn heb Fwstash* – ia, heb fwstash – mae yma ambell stori'n canu cloch – ambell un yn cynnwys pethau a ddigwyddodd go iawn iddo ef ac i minnau.

Maen nhw'n dweud os y dowch i adnabod rhywun yn dda mae yna elfen o delepathi yn tyfu rhyngoch. Un flwyddyn roedd Eirug a Gwenda, Eleri a minnau'n swpera mewn pentref glan môr yng Nghatalonia – La Franc – ac yn ystod y sgwrs dros swper buom yn trafod ei waith – ni wyddwn ei fod yn mynd i gael ei wobrwyo yn y Genedlaethol o fewn pythefnos – ond dyma ofyn iddo a oedd o'n gweithio ar lyfr ar y pryd. "Oedd," meddai ac aeth y sgwrs yn ei blaen. Cefais yr hyfrdra i awgrymu teitl iddo. "Beth am y Tri Mochyn Bach?" medda fi, a dyma Eirug yn chwerthin yn uchel – roedd o eisoes wedi ennill y

O flaen Tŷ'r Cyffredin, Llundain

Genedlaethol am gyfrol yn dwyn yr un teitl – ac wrth gwrs ni wyddai neb hynny ar y pryd.

A phan ar wyliau y cof sydd gen i yw ohono'n eistedd wrth y bwrdd y tu allan i'r tŷ neu'r fflat fel roedd hi'n gwawrio – yntau'n myfyrio ac yn ysgrifennu am oriau cyn i neb arall godi am frecwast. Cofiaf ei weld ar falconi yn Ffrainc a minnau'n cripian yn dawel rownd y gegin rhag ei styrbio – gwneud paned yn dawel reit ac eistedd yn y gegin. Roeddwn yn sicr nad oeddwn wedi ei styrbio nes i mi glywed y geiriau

"*How are you lad?*" Toedd o wedi fy ngweld yn ceisio bod yn dawel ers deng munud.

'Roedd yn daer na fyddai byth yn gwisgo siwt ddu a thei bo'

Ond rhag ofn i rywun feddwl mai rhyw berthynas yn seiliedig ar drafod llenyddiaeth yn unig oedd hon roedd yna lawer agwedd arall arni– llawer iawn a dweud y gwir! Mynd gydag o i weld *Man U*, a'r tynnu coes wedi i Lerpwl eu curo.

Ond os oeddwn i yn tynnu coes y pryd hynny roedd o yn arch-dynnwr-coes y bydysawd. Wedi dweud hynny cefais fy ffieiddio gan y *Daily Post* ac eraill yn ailadrodd stori bod Eirug wedi ffonio'r BBC pan oedd Eleri yn disgwyl ein plentyn cyntaf, Catrin, i ddweud fod Eleri wedi cael efeilliaid. Toedd Eleri ddim yn disgwyl efeilliaid a chawsom rodd o Rhodri maes o law, ond yn y cyfamser derbyniais lythyr hyfryd gan ŵr oedrannus o Gorwen yn danfon siec yr un 'i'r ddeuben newydd'. Bûm yn pendroni am hir iawn sut y dyliwn ddelio â hyn – ond heb ysbrydoliaeth. Gwyddwn, gydol yr amser, mai dim ond un person allai fod yn gyfrifol am y ffasiwn anfadwaith... Roedd stori'r *Daily Post* felly yn anghywir – disgwyl Rhodri oedd hi!!

Un stori gafodd y *Daily Post* yn gywir oedd honno amdano ef a chyfaill iddo'n dod adref o barti gwisg ffansi yng Nghlynnog yn gwisgo lifrai'r heddlu. Dyna alw heibio tŷ tafarn ar y ffordd – ychydig wedi amser cau – i roi braw iddynt! Amhosib yw dweud *pwy* oedd y creadur arall – ond lifrai fy niweddar dad oeddynt!!

Ar ryw adeg arall roedd Eirug, Gwenda a'r teulu yn aros gyda ni yng Nglandŵr. Adeg Carnifal Llanuwchllyn ydoedd a toedd Rhodri ddim wedi penderfynu a oedd o am wisgo gwisg ffansi ai peidio. Beth bynnag, dyma benderfynu o blaid a'r ddau deulu yn mynd i Lanrafon, Corwen, i logi dillad. Wedi i mi ddychwelyd o'r swyddfa yn Nolgellau cefais sioc enbyd – yr oedd Eirug wedi cael siwt milwr Almaenig, mwstash bach du a phâr o *wellingtons* – a dyma yntau'n ymddangos yng Ngharnifal Llanuwchllyn er mawr sbort a miri cyffredinol. Afraid yw dweud felly y byddai hefyd yn barod i wneud hwyl am ei ben ei hun. Yn y 70au roeddwn yn gymydog iddo a Gwenda yn y Groeslon ac roedd yn rhaid i mi fynd ar gwrs y gyfraith am ddeuddydd i Lundain. Penderfynodd ddod gyda mi 'ar fusnes', medda fo. Roedd y 'busnes' yma yn ddirgelwch mawr i mi, ac wedi i'r cwrs orffen ganol dydd Dydd Sadwrn a'r ddau ohonom ar ein ffordd i weld Chelsea yn chwarae pêl-droed, gofynnais iddo beth oedd y busnes a sut aeth pethau? "Braidd yn siomedig," meddai, ac wedi i mi bwyso ymhellach dywedodd ei fod wedi teithio i lawr i roi cynnig ar brynu Siop Lyfrau Griffs ond yn anffodus meddai,

"Roeddwn i gan mil yn fyr." A dyna chwerthin dros y lle.

Y ddau ohonom yn Llundain – sôn am y dall yn arwain y dall. Penderfynu y buasem yn prynu tocyn eistedd i Stamford Bridge. Talu rhyw £5 yr un yn fwy na'r pris swyddogol y tu allan i'r maes - a £5 y pryd hynny yn arian sylweddol. Beth bynnag, mynd am ginio yn hyderus fod gennym seddau i weld y gêm. Dychwelyd i'r stadiwm ar ôl cinio a darganfod mai dim ond ni'n dau a rhyw ugain arall oedd yn y stand! Chwerthin yn afreolus wedyn.

Rhyfedd yw meddwl na chefais air croes gydag Eirug dros yr holl flynyddoedd – ond fe wyddai sut i'm gwylltio. Roedd yn taflu'r abwyd o'm blaen a minnau'n bachu ynddi *bob* tro heb sylweddoli ei fod yn bwriadu codi fy ngwrychyn. Am *ryw reswm* pan oeddem dramor datgelodd i mi na fuasai byth yn gwisgo siwt ddu a thei bo. Roedd yn daer ar hyn ac nid oedd am gyfaddawdu byth. Drannoeth, ac wedi benthyg ei gamera, gwelais siop yn Girona yn gwerthu dim byd ond y siwtiau mwnci yma. Tynnais hanner dwsin o luniau heb ddweud wrtho. Gallwch ddychmygu ei ymateb yn ddiweddarach, ar ôl iddo ddatblygu'r lluniau.

Rhyw flwyddyn yn ddiweddarach roedd o a Gwenda yn aros gyda ni dros Eisteddfod y Bala, pan gynhaliwyd aduniad i gynfyfyrwyr Aber yn ein cartref. Daeth Eirug i lawr y grisiau i'r parti wedi rhoi siwt ddu a thei bo ymlaen, wedi rhoi *gel* yn ei wallt a rhesan i lawr y canol. Aeth o amgylch yn rhannu bwyd a diod, ac mi roedd sawl un – gan gynnwys rhai oedd yn ei adnabod - yn meddwl mai *waiter* oedd o!

Roedd penderfyniad yn agwedd gref iawn o'i bersonoliaeth ac os oedd Eirug yn benderfynol o wneud rhywbeth, yna fe lwyddai i wneud hynny. Roedd yn ddigyfaddawd yn ei genedlaetholdeb ond yn ystyfnig weithiau mewn busnes. Ar un achlysur fe es i'r Gelli Gandryll gydag ef, a'i fwriad oedd prynu yr holl lyfrau Cymraeg oedd gan 'frenin' y llyfrau, Richard Booth. Methodd â tharo bargen o ryw ychydig bunnoedd, a daeth oddi yno yn waglaw. Minnau'n gofyn iddo pam ei fod wedi methu oherwydd ychydig bunnoedd? Dywedodd, "Y tro nesaf ddo'i yma mi fydd o'n gwybod mod i o ddifri, a bydd yn rhaid iddo fo ildio." Dweud wedyn na toedden nhw ddim yn llawer o bethau, beth bynnag, a chwerthin.

Soniais amdano fel cyfaill da mewn trybini. Tra oeddem yn Llydaw rhyw dro fe dorrodd fy nghar i lawr (SAAB newydd, ac wna'i ddim adrodd yr hanes i gyd!) ond dyma Eirug yn rheoli'r sefyllfa a rhoi tow i ni i Vannes i gael trwsio'r car. Toedd dim goleuadau rhybudd ar fy nghar na dim arall, a ninnau'n pasio llond bys o *gendarmes*, a'r rheiny yn edrych i ffwrdd trwy drugaredd.

Cyrraedd y garej 10 munud cyn iddi gau – Eirug yn ei Ffrangeg gorau yn dweud ein bod wedi ffonio ynghynt. A rhyw ddwy neu dair brawddeg arall. Ar hynny, mecanics yn dod o'r tyllau dan ddaear – i lawr o'r swyddfa, i mewn o'r lle petrol ac i mewn o'r stordy yn y cefn. Rhyw 12 yn edrych arnom. Yn ei Ffrangeg gorau, rywsut, rywfodd roedd o wedi dweud mai ni oedd piau'r SAAB ond hefyd fod y ddau ohonom yn briod!!!!

Fel y dywedais, amhosib yw cyfeirio at bob agwedd o'i fywyd – ond rwy'n falch iawn ei fod wedi cael gymaint o bleser wrth lenydda – ac yn falch fod ei gyfrolau a'i ysgrifau yn goffâd teilwng ac anrhydeddus ohono. Rhoddodd ei fuddugoliaethau yn yr Eisteddfod lawer o bleser iddo, ac wrth gwrs mae ei waith wedi rhoi llawer o bleser i ni ac wedi cyfoethogi ein cenedl – mae'n dyled iddo yn un fawr.

Wedi i'r boen o'i golli gilio ychydig rwy'n gobeithio y cawn gofio am ei wên gynnes, ei afiaith, ei ddireidi a'i gyfeillgarwch triw.

Soniais ar y dechrau am ei ddelfrydau fel myfyriwr – roeddent yr un mor fyw a phwysig iddo yn ei ddyddiau olaf.

Bydd llu o'i ffrindiau yn cofio amdano am flynyddoedd lawer i ddod – ac amryw ohonom am byth.

Elfyn ac Eirug – 'Os y dowch i adnabod rhywun yn dda, mae yna elfen o delepathi yn tyfu'!

COFIO CYFAILL
Emyr Llywelyn

EIRUG Y PROTESTIWR IFANC dros yr iaith; Eirug y dyn busnes; Eirug diddanwr y dorf a brenin y Stomp; Eirug dychanwr y sefydliad; Eirug y nofelydd – fe ddarluniwyd yr agweddau hyn ar gymeriad Eirug yn y llu teyrngedau iddo yn y Wasg ac ar y teledu.

Ond yr oedd yna Eirug arall. Nid yr Eirug cyhoeddus ond yr Eirug cudd, dyfnach. Eirug y mab, Eirug y gŵr, Eirug y tad, Eirug y brawd, Eirug y cyfaill, Eirug ffrind plant, Eirug y capel a'r Ysgol Sul, ac Eirug arweinydd ei fro.

Cariad diamod a gofal tyner. Llafur cudd, diflino a diddiolch. Ymroddiad llwyr i egwyddor. Ffyddlondeb hyd y diwedd. Dyna oedd nodweddion yr Eirug y cefais i'r fraint o'i adnabod.

Dyn ei deulu oedd e'n gyntaf ac yn flaenaf. Carwn estyn ein cydymdeimlad ni i gyd i'r teulu oll; Gwenda, Rhiannon, Dwynwen, ei fam a'i chwiorydd Mari a Nia. Bu brwydr Eirug yn erbyn ei afiechyd yn frwydr hir o dros ddwy flynedd, a thrwy gydol yr amser hwnnw fe gafodd gariad a gofal tyner. Wrth ymweld ag ef yn Ysbyty Gwynedd a gweld ei deulu i gyd o gwmpas ei wely a theimlo eu serch a'u cariad tuag ato daeth cerdd T. Rowland Hughes i'm cof.

> *Mi a glywn dynerwch lleisiau o'm cylch*
> *Mi a welwn addfwynder llaw a threm.*
> *Mil harddach oeddynt na'r wawr a'r rhos,*
> *Tecach na golud machlud a môr.*

Eirug ffrind plant. Efallai mai'r teyrngedau y byddai ef wedi eu prisio fwyaf oedd teyrngedau'r plant megis Eirian a Barry "Er cof am Yncl Eirug – Yncl a Hanner!" a Guto "Er cof am ewythr arbennig ac unigryw a chefnogwr o fri." Arhosodd llawer o ddireidi plentyn yng nghymeriad Eirug ac roedd wrth ei fodd yng nghwmni plant.

Cofiaf ef yn dod i'r tŷ pan oedd y plant yn fach ac Owen y mab yn rhyw saith oed newydd ysgrifennu stori am fôr-ladron. Dyma Eirug yn ei ganmol a dweud wrtho fod yn rhaid argraffu'r stori! Ymhen ychydig ddiwrnodau fe ddaeth cyfrol clawr caled wedi'i rhwymo'n hardd gydag enw'r awdur ifanc ar y clawr a'r stori wedi'i theipio'n daclus tu fewn – a'r argraffwyr, Gwasg yr *Opal Fruits* (sef hoff losin Owen).

'Yncl Eirug – Yncl a hanner!'

Byddai Eirug yn tynnu coes plant drwy alw'i hun 'Y Dyn Gorau yn y Byd'. Meddai Eryl Owain amdano, "Mae'r plant yma yn dal i'w gofio fel D(yn) G(orau'r) B(yd) wedi un cyfarfyddiad yn unig... fe ymunodd â ni am ginio rhyw bnawn Sadwrn... a'r plant wedi eu siarsio i fihafio – ond y DGB yn trefnu cystadleuaeth gwneud y sŵn mwyaf wrth garglo!" A byddai'n tynnu coes plant drwy'r amser megis dweud wrth un ferch fach i "beidio yfed côc rhag iti wneud pwps yn y gwely!"

Roedd Eirug yn casáu rhagrith a thwyll a hyn oedd yn gyfrifol am ei ymosodiadau a'i ddychan deifiol o'r sefydliad. Ond yr un egwyddorion cryf a wnaeth iddo roi oes o waith yn cefnogi pob agwedd ar fywyd ei gapel. Gweithiodd yn galed fel athro Ysgol Sul a gyda phobl ifanc y capel.

Er gwaetha'r ddelwedd gyhoeddus o Eirug fel dyn busnes a chyfalafwr, doedd Eirug ddim yn ddyn busnes caled, materol o gwbl. Rhyw orchestion creadigol oedd ei fentrau busnes – pob un â chyswllt hanfodol â'r iaith – yr oriawr ddigidol Gymraeg, bathodynnau Cymraeg, crysau-T Cymraeg, cardiau Cymraeg, siopau llyfrau Cymraeg – hyd yn oed parot Cymraeg!

Tu ôl i ddelwedd gyhoeddus y mentrwr mawr, cyfalafol roedd dyn cwbl anhunanol oedd yn rhoi ei amser a'i egni a'i arian i frwydro dros yr egwyddorion y credai ef ynddyn nhw, sef gwerthoedd y capel a'r Ysgol Sul a'r iaith a'r diwylliant Cymraeg. Pwy arall ond Eirug fyddai'n talu o'i boced ei hun am argraffu'n ddienw raglenni cymanfaoedd canu ac eisteddfodau ei fro?

Gwariodd ei egni yn ymladd dros achosion da gan weithio'n ddygn, ac yn ddi-glod ran amlaf, yn y cefndir fel trysorydd neu lywiwr cudd gweithgareddau. Go brin fod neb o'i gyfoedion wedi rhoi cymaint o egni, amser ac arian i gefnogi'r 'pethe' ag a wnaeth Eirug. Y gwir yw petae e wedi cael ei dalu am yr holl waith gwirfoddol di-dâl a wnaeth dros grefydd ac iaith a chymdeithas fe fyddai wedi bod yn filiwnydd.

Does dim yn darlunio'n well yr Eirug a roddodd o'i amser a'i egni i wasanaethu eraill na'i waith yn ei fro ei hun. Talodd John Roberts o'r Groeslon y deyrnged hon i'w lafur mawr dros y pethe yn y pentre. "Bu'n aelod o'r Cyngor Cymuned, yn cynorthwyo'r gweinidog efo'r Clwb Ieuenctid. Ond fe gofiwn yn arbennig amdano am ei waith gydag Eisteddfod Gadeiriol y Groeslon. Do, bu'n Gadeirydd ac yn Ysgrifennydd yn ei dro, ond y gwaith 'diswydd' oedd bwysicaf. Fo oedd yr Archdderwydd bob blwyddyn (dan enw barddol newydd bob tro) a fo oedd yn hyfforddi plant 'yr Orsedd' a threfnu i gyfarch y bardd buddugol, a'r Gorseddigion yn ei gyfarch efo penillion gwreiddiol (iawn) o waith rhyw fardd anhysbys.

Bu'n un o'r rhai a sefydlodd yr ŵyl ddrama flynyddol, a chofir amdano yn actio ac yn cynhyrchu cwmni ieuenctid... Y tristwch mawr yw i ni ei gymryd yn ganiataol. 'Mi ofynna i i Eirug', 'Mae Eirug yn siŵr o neud.' Mae bwlch mawr ar ei ôl.

Eirug y cyfaill. Dyn ffyddlon i'w bobol oedd Eirug. Roedd ei gariad a'i ymrwymiad yn ddiamod.

Roedd yn un o gefnogwyr cyntaf Adfer, ac fe barhaodd yn ffyddlon i'r cnewyllyn bychan oedd yn arddel syniadau Adfer, er gwaethaf y dirmyg a'r gwawd. Roedd rhwymyn brawdol cryf rhyngon ni, y criw bach o Adferwyr, a gwnaeth yr amser anodd a gawsom ein clymu'n fwy clos at ein gilydd. Meddai Gari Wyn am gyfarfodydd Adfer yn y cyfnod hwnnw, "Yn ystod fy nyddiau coleg ac yn aelod o Sanhedrin Glantwymyn (y cyfarfodydd misol) deuthum i fwynhau cwmni Eirug ar ei orau. Roedd yno bregethu dwys, athronyddu dwfn a dadlau gwefreiddiol ond yr hyn a'i gwnâi'n bleser mynd yno oedd hiwmor Eirug Wyn. Roeddwn yn mynd yn ôl i Neuadd John Morris Jones yn teimlo'n well dyn ac yn teimlo wedi fy atgyfnerthu." Am flynyddoedd daliodd Eirug ati yn ddyfal gyda'r gwaith diddiolch o ofalu am Gwmni Adfer.

Ni fyddai'r *Faner Newydd* yn bod oni bai am Eirug. Oni bai am ei gefnogaeth ef a'i barodrwydd i wneud y gwaith ariannol a sicrhau llwyddiant ochr fusnes y fenter, ni fyddai'r un rhifyn o'r *Faner Newydd* wedi ei gyhoeddi.

Ni ddangoswyd dewrder a ffyddlondeb Eirug i'w egwyddorion ac i'w ffrindiau yn well nag yn ystod ei waeledd olaf. Wedi triniaeth hir a chaled ym Mryste y peth cyntaf a wnaeth ar ôl dod adre oedd ymroi am ddiwrnodau, er ei wendid corfforol, i wneud y trefniadau ariannol a chyfreithiol i sicrhau dyfodol *Y Faner Newydd*. Heb ei ymdrech arwrol ef yn ei lesgedd ni fyddai'r un rhifyn arall wedi bod yn bosibl. Bydd pob rhifyn a gyhoeddir yn y dyfodol yn deyrnged i'w ddycnwch a'i ddewrder ef.

Bu'n gyfaill annwyl a thriw i mi. Bu'r ddau ohonon ni yn cydweithio'n agos iawn mewn cymaint o frwydrau a chynlluniau dros y blynyddoedd. Wedi pwyso ar ei ysgwydd gadarn am gyhyd bydd yn anodd iawn dal ati hebddo.

Ie, cylch ei deulu, ei ffrindiau a'i fro oedd yn gwybod am wir fawredd Eirug ac yno y mae'r golled i'w theimlo ddwysaf. Ond yno hefyd y bydd e'n aros – yng nghalonnau y rhai yr oedd e'n annwyl iddyn nhw.

Wrth ysgwyd llaw yn yr ysbyty am yr olaf dro ychydig ddiwrnodau cyn ei farw, wrth gario'i gorff i gornel dawel o fynwent Brynrodyn, wrth ollwng ei arch i'r pridd fe wyddwn yn iawn nad oedden ni'n dau'n ffarwelio. Oherwydd nid un i adael i chi gerdded ar eich pen eich hun oedd Eirug – roedd e yno bob amser i'r ail filltir.

Fe wyddom oll a gafodd y fraint o'i adnabod y bydd e'n aros gyda ni, wrth ein hochr o hyd, yn dal i'n cynnal a'n hysbrydoli.

'...nid un i adael i chi gerdded ar eich pen eich hun oedd Eirug... bydd e'n aros gyda ni, wrth ein hochr o hyd, yn dal i'n cynnal a'n hysbrydoli'

EIRUG WYN, 53
Gwilym Tudur

AR Y SGRIN, gweld 'Eirug Wyn, 53' a methu â'i amgyffred. Dyna ichi ddisgrifiad rhyfedd a diflas o berson mor arbennig, mor fyw. Eirug Wyn yr awdur toreithiog, ie, y gwlatgarwr dyfal, y dyn busnes egnïol a dyfeisgar, y dychanwr blin, y cesyn mwyn, a llawer o bethau eraill, ie siŵr. Unrhyw beth ond '53'.

Bu eraill yn sôn am ei gyfraniad gwleidyddol a llenyddol. Wele'n hytrach rai o'r atgofion melys a ddaeth i'm cof wedi clywed y newydd trist. Mae ei deulu a'i fêts yn cofio mwy amdano, efallai, ond bu'n rhan o'm bywyd i er 1970 pan oedd y myfyriwr llon o Goleg y Drindod yn un o drefnwyr protest Cymdeithas yr Iaith yn Synod Inn ar ddechrau'r ymgyrch malu arwyddion Saesneg. Serch hynny, er treulio oriau yn ei gwmni, mewn pwyllgorau yn bennaf, rhaid cyfaddef nad oeddwn yn ei nabod yn iawn. Bûm yn pendroni am hynny ac am y ddeuoliaeth ddirgel sydd yn aml yn nodwedd o bobl alluog, allblyg. Doedd neb haws gwneud efo fo, neb mor hwyliog a hael a pharod ei gymwynas, ac yn sicr doedd ganddo ddim ofn dweud ei farn! Eto, o dan yr wyneb hyderus, beiddgar, tybiaf fod yna haenau gwahanol, diniwed a phetrus. Er iddo sgrifennu cymaint o lyfrau a pherfformio'n aml ar lwyfan, caf y teimlad nad yr Eirug go iawn oedd piau'r geiriau bob amser, fel pe bai'n chwarae efo ni gan ddal pethau mwy o ddifrif yn ôl.

"Be wyt ti'n mwydro, was?" fuasai ei ymateb o. Beth bynnag ei deimladau cudd byddai'n well ganddo beri i bobl eraill fwynhau eu hunain. Roedd yn dynnwr coes diarhebol. Mae'n debyg na wyddai neb pwy oedd rhai o'r bobl ryfedd a ffoniai Stondin Sulwyn weithiau. Yn yr un modd doedd Bleddyn Jones, yr argraffydd o'r Groeslon a phartner i Eirug ac Elfyn Llwyd yn Argraffdy Arfon, Pen-y-groes ar ôl 1978, byth yn saff pwy oedd ar y ffôn o ddydd i ddydd, ai cwsmer rheolaidd a llais digri ganddo neu un o'i bartneriaid yn dynwared y llais hwnnw.

Fel y cofia Iona yn Siop y Pethe, ces innau'r un profiad yn union (mae Bleddyn a finnau'n gyfyrdyr). Cael llond ceg o iaith hen ffasiwn Sir Fôn ar y ffôn. "Pa hwyl, gyfaill, y Parchedig??, Llanarchymedd sy 'ma." "Tybed?" meddyliais. "Ia, gweld eich prisia chi yn *Y Casglwr* yn ddrud ar y naw, fachgian." "Aha! Yr acen braidd yn eithafol," meddyliais. "Eirug Wyn, y basdad! Cer o'na!" atebais. "Sut? Be' ddeudoch chi?" meddai'r llais. Daria!

Hysbysebu am lyfrau ail-law a wneir yn *Y Casglwr* a bu tudalen gan Siop y Pentan, Caernarfon pan oedd Eirug yn hel llyfrau prin am gyfnod. Yn ôl y cyn-olygydd, John Roberts Williams, byddai'r hysbyseb yn cynnwys llyfr ffug bob tro, a'r Llyfrgell Brydeinig ac ati yn cynnig amdano. Bosib iawn; gwn y bu yno droeon lyfr aruthrol o brin am bris anhygoel o isel. Un a gofiaf oedd *Stones of the Field*, llyfr cyntaf R. S. Thomas, wedi'i lofnodi gan yr awdur: ar werth am bum punt. Diben yr hwyl a'r 'myrraeth yma fyddai denu llu i ffonio ar unwaith ac yna i brynu eitemau eraill ar ôl iddynt golli'r trysor a oedd 'wedi mynd peth cynta'r bora 'ma' neu oedd yn 'gamgymeriad bach – nid £5 ydi o ond £500!'

Roedd ganddo siop lyfrau arall, Siop Pendref, Bangor ar y cyd â'i ffrind Emyr Llewelyn Gruffudd, a nhw oedd piau'r cwmni cardiau cyfarch, Cardiau'r Pentan. Roedd swyddfa fach yn yr uned ddiwydiannol i'r dyfeisiadau technolegol diweddaraf cyn dyddiau'r ffôn symudol a'r we fydeang. Byddai hefyd yn rhentu stondin ym marchnad Caernarfon, ger y castell, i werthu trugareddau i blant yr ymwelwyr. Roedd anian dyn ffair ysgafala yn ei waed ers dyddiau cynnar Wyn a Wil ac yntau yn Siop y Pentan, Caerfyrddin. Prynodd, unwaith, gan mil o fylbiau trydan am geiniog yr un! Bûm gydag ef yn nôl llond trelar o nwyddau yn Whitechapel, Llundain ac roedd y stryd honno'n agoriad llygad i mi. Doedd dim un ffenest ynddi, dim ond drysau warws mawr. Y tu mewn, llond y warws am y gwelech chi o nwyddau newydd gyrraedd ar long o'r Dwyrain y bore hwnnw. Ac yn naturiol, lond y lle o Eirug Wyns prysur! Edmygai bobl ddyfeisgar o'r fath, a'i enw barddol arno'i hun am gyfnod oedd 'Y Pacistani'.

Bob dechrau Awst câi'r trelar bach ei lenwi hefo llwyth o bethau diddorol i'w stondin yn y Steddfod, a ddaeth yn atyniad hanfodol i'r ifanc. Ble arall y caech oriawr Gymraeg, neu fathodyn tra swyddogol 'Y Wasg' neu 'Beirniad' i fedru mynd i mewn i'r Steddfod am ddim fore trannoeth! Cynhaliodd ocsiwn lyfrau ail-law yno unwaith, a ddifethwyd gan y glaw...

Digwyddodd hyn oll cyn yr achos enllib costus yn erbyn ei *Lol*, ei benderfyniad i fwrw ati o ddifrif â'i yrfa sgrifennu, ei waith yn y byd darlledu gyda Vaughan Hughes a Ffilmiau'r Bont, yn diogelu cofnodion fideo o archifau'r Eisteddfod gydag Angharad Anwyl (Tapas) ac S4C (Clip). Diau y byddai ei gydweithwyr yn ategu bod pwyllgora efo Eirug yn brofiad difyr.

Rhai o gyfrolau llwyddiannus y llenor Eirug Wyn

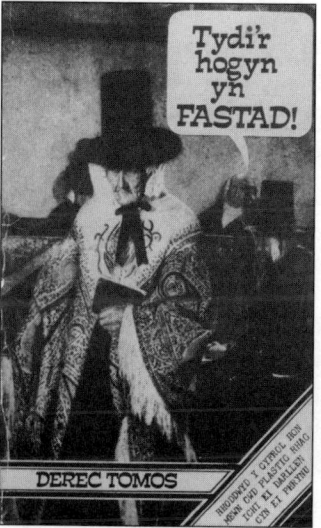

Rhai o gyfrolau ei ffrind, Derec Tomos

Ni'n dau a Chwmni Sain a brynodd wasg gerddoriaeth Gwynn gan Mrs Gwynn Williams ar ddechrau'r Wyth Degau. Tra bu Eirug yn rhan o'r cwmni fo oedd yr Ysgrifennydd ac fel y tybiech roedd (mae!) ei gofnodion yn ddoniol dros ben. Rhan o'i swydd hefyd oedd cofrestru enwau'r cyfarwyddwyr yn Nhŷ'r Cwmnïau, felly dwi'n dal i dderbyn ambell lythyr busnes di-alw-amdano wedi ei gyfeirio at Y Nicerdy, Lledrod. Bu'r un bartneriaeth yn rhedeg siop lyfrau a recordiau Canu Maelor yn Wrecsam – ond am gyfnod byr yn unig. Do, mi wnaeth Huw Jones, Sain ac S4C fethu am unwaith, coeliwch neu beidio! (Cyhoeddodd Eirug gerdd am y peth, ac iddi'r gytgan 'Poced wag, poced wag'.) Huw ddaru f'atgoffa mai un o bethau mawr Eirug y pryd hwnnw oedd ei *CB*, y radio car, ac mai ei arwydd galw oedd *Cottage Burner*, ac fel y bu iddo bron â mynd i helynt wedi ei ddefnyddio i alw enwau ar yrrwr o Sais wrth ddod i un o'n pwyllgorau ar hyd yr A55 ger Llanelwy – cyn iddo weld anghenfil o lori, yn cael ei gyrru gan yr union foi, yn dynn y tu ôl iddo!

Yn ei wasanaeth cynhebrwng cawsom amryw o straeon amdano gan ei gyfaill Elfyn Llwyd, a rhestr faith o wahanol ddiddordebau y bu'n ffoli arnynt ar wahanol adegau Roedd hyn yn ddiddorol ac yn brawf o'r ysfa ddiarbed ynddo i brofi popeth, a bywyd mor fyr.

Soniais am y ddeuoliaeth ddirgel a berthynai i Eirug. Fe'i gwelsom yn nhrefn y gwasanaeth a drefnwyd ganddo fo'i hun: John Ogwen yn darllen (yn wych, fel arfer) 'Dychwelyd', soned agnostig enwog T. H. Parry-Williams, a'i gerdd arwyddocaol 'Dau Hanner'; ond y daflen yn peri i ni ganu'r hen emyn uniongred 'Esgyn gyda'r lluoedd',

Watcyn Wyn ac emyn gorfoleddus Pantycelyn, 'Mi dafla 'maich oddi ar fy ngwar'.

Erbyn meddwl, ni ddylai'r ddeuoliaeth ein synnu. Ers chwarter canrif roedd dimensiwn ysbrydol ei bryder am freuder bywyd, yn wir ei ofn o farwolaeth (a welsai'n greulon ymhlith ei anwyliaid ei hun), yn amlwg iawn yn ei waith, yn enwedig yn ei farddoniaeth. Soniwyd yn sgil ei farwolaeth am yr holl lyfrau rhyddiaith a sgrifennodd, o *Myfi Derec – fel Rhech yn Ugain Oed* (1983) hyd *Y Dyn yn y Cefn heb Fwstash* eleni. Ac eithrio dau neu dri ohonynt, gwell gen i'r gyfres hynod o lyfrynnau barddoniaeth a gyhoeddodd yn yr wythdegau dan yr enw Derec Tomos. Nid dyma'r lle i fanylu am y rheini, ond rhaid crybwyll eu henwau! Dyma nhw: *Gorau Cymro* (Mai 1979), *Ar Dân dros Gymru* (Gwasg y Fatshen Ddu, Mehefin 1980), *Bangor Lads* (1980), *Tydi'r Hogyn yn Fastad* (1981), *Twll Ich Dien* (Rhagfyr 1981), *Magnifikont* (Mehefin 1982), *Y Pab a Cherddi Eraill* (Awst 1982), *Operation Tad! – Baled Frenhinol* (?c.1985), *Crap a Chân* (1985), *Baled y Gawc* (Gwasg y Llawes Goch, 1986), *Cymru'r Coesau Canol* (1986). Dan yr holl ddoniolwch ceir thema gyson, ddu o wae a darfodedigaeth. Pe bai wedi cael byw, credaf y byddai wedi magu'r hyder i fynegi a dehongli'r pethau tywyll, dirgel yn amlycach o hyd yn ei waith.

Ond, 53. Ni allwn ond diolch am gael ei fenthyg i'n cenedl fach ni a rhyfeddu at yr hyn a gyflawnodd ers y dwthwn gwyn y cafodd bachgen ysgol 17 oed ei wers yrru gyntaf a rhoi'r llythyren 'D' goch yn lle 'L' ar y car. Mae ei gariad coleg a'i briod – ac, ysywaeth, ei weddw, Gwenda – a'r genod a addolai, Dwynwen a Rhiannon, wedi rhannu'r hwyl a'r cyffro ar hyd y daith ac yn ei nabod yn well na neb arall. Gwn y gwnânt faddau i'r gweddill ohonom am siarad cymaint am yr Eirug allanol, ac i rai fel fi a fethodd â ffarwelio ag ef yn y cnawd.

Dyma ryw fath o ffarwél i ti felly, 'rhen ddyn.

O. N. Wna'i byth werthu'r *Eve of Saint John* (Saunders, 1921) ges i gen ti – am bumpunt!

Y FFATRI DRYGIONI
Robat Gruffudd

WRTH GOFIO AM EIRUG, mae'r cof yn mynnu dychwelyd at y Ffatri Drygioni oedd ganddo ar Stad Cibyn, Caernarfon yn yr 1980au cynnar. Cofiaf y perchennog balch yn fy nhywys o gwmpas ei drysorau a'i ryfeddodau. Roedd 'na wasg *Heidelberg Platen* yn un pen ar gyfer trosargraffu cardiau cyfarch plaen â geiriau Cymraeg. Byddai Eirug yn prynu miloedd o'r cardiau hyn yn rhad o rywle – o bosib y Dwyrain Pell – ond cyn bo hir byddai'n prynu cwmni cyfan oedd yn arbenigo yn y maes.

Roedd yno hefyd ffrâm sgrin sidan ar gyfer cynhyrchu crysau-T a nwyddau eraill, peiriant gwasgu bathodynnau, ac offer cysodi. Roedd 'na swyddfa yn y cefn, a jiwc-flwch neu ddau yn y gornel. Byddai Eirug yn prynu a gwerthu'r peiriannau hyn ac fe brynais un mawr, orenj-a-melyn ganddo ar gyfer bar newydd Tŷ Tawe yn Abertawe, a hynny am bris digon rhesymol. Erbyn hyn mae'r anghenfil yn llenwi'r rhan fwyaf o stafell flaen tŷ un o'r meibion yn Aberystwyth.

Rwy'n cofio rhyfeddu at y fath drysorfa o beiriannau difyr a drygionus, ac yn cofio balchder amlwg Eirug yn ei allu i gynhyrchu'r fath amrywiaeth o nwyddau proffidiol. Ymhlith y rhain roedd: clecrwystrwyr *(condoms)* Cymraeg, a werthai yn nhai bach rhai tafarnau yn ardal Caernarfon; powdwr rhech i fechgyn ysgol; bathodynnau 'swyddogol' Llywydd y Dydd a Beirniad ac, wrth gwrs, y watshys digidol Cymraeg enwog. Mae'n debyg iddo werthu 8,000

'Roedd cyfrolau Derec Tomos, i lawer ohonom, yn uchafbwynt ymweliad â'r Eisteddfod'

o'r rhain – swm anhygoel – ond nid mater o anfon ffacsyn i Hong Kong oedd hyn: bu'n cyflogi pobl i godi pob un o'r wynebau Saesneg a gosod wynebau Cymraeg yn eu lle.

Roedd ganddo hefyd rownd o beiriannau gwerthu *gobstoppers* mewn siopau ar draws arfordir gogledd Cymru. A Duw a ŵyr beth arall, i gyd: roedd y cyfan yn fynegiant o'i ynni a'i ddyfeisgarwch di-ben-draw. Fe gâi'r creadigrwydd hwn ei sianelu, yn y man, i lenydda ac i waith teledu. Cyn bo hir byddai'n ysgwyddo swyddi cyfrifol mewn unedau tipyn mwy eu maint ar Stad Cibyn. Ond rhwng y ddau gyfnod, a chyn ymroi yn llawn i awdura, fe fu, am bum mlynedd, yn olygydd y cylchgrawn cenedlaethol enwog a gwarthus, *Lol*.

Byddai'n ddiddorol cael rhestr o'r holl gwmnïau a ffurfiodd Eirug yn ystod ei oes fer. Un ohonynt oedd

Gwasg Gwalia, a sefydlodd yn 1987 er mwyn cyhoeddi *Lol*, a minnau'n bartner cwsg. Roedd yn gwmni hollol ddi-ased, gan mai'r unig bwrpas oedd creu amddiffyniad ariannol rhag achosion posibl o enllib. Er mwyn taflu llwch i lygaid y gyfraith, fe gyhoeddodd y wasg ddisylwedd hon lyfr neu ddau, hefyd, megis argraffiad newydd o'r clasur *Un Nos Ola Leuad*. Ond weithiodd e ddim. Yn hytrach na gwysio cyhoeddwyr (neu argraffwyr) *Lol* ynglŷn â stori a gyhoeddwyd am ei gwmni, Agenda, fe benderfynodd Rhodri Williams fynd am ffigwr tra chyhoeddus y golygydd. Ar faes yr Eisteddfod ddilynol, rwy'n cofio mynd i gryn drafferth i berswadio Eirug i gwrdd â Rhodri er mwyn dod â'r mater i ben trwy gyfrwng ymddiheuriad (a chyfraniad at y costau cyfreithiol, os rwy'n cofio). Llwyddwyd i gynnal y cyfarfod, ond gwrthododd Eirug yn lân ag ildio – na Rhodri, chwaith – gyda chalyniadau ariannol trychinebus i Eirug yn bersonol. Gyda llaw, mae 'na gofnod llawnach o rai o helyntion cyfreithiol *Lol* yn y gyfrol a olygodd Eirug dan y teitl *Jiwbilol*.

O edrych yn ôl ar ei olygyddiaeth o'r cylchgrawn, fy marn i yw i Eirug, er ei ddewrder amlwg, gynhyrchu dychan doniolach a mwy effeithiol mewn llefydd eraill – fel yn y gyfres o gyfrolau o gerddi a gyhoeddodd dan yr enw Derec Tomos, ac yn ei berfformiadau anfarwol fel stompiwr (unwaith, yn lifrai derwyddol Saddam Hussein). Roedd cyfrolau Derec Tomos, i lawer ohonom, yn uchafbwynt ymweliad â'r Eisteddfod. Byddai'n rhaid prynu copi fore Llun yn stondin Siop y Pentan, cyn ffoi am ryw awr i sedd breifat ymhell o'r prif rodfeydd i fwynhau awr o biso chwerthin.

Serch y drygioni a'r hwyl amharchus a'r holl dynnu coes

'corniwcopia o lyfrau amryliw a blasus, cynnyrch ei awen fythol ffrwythlon'

y bu Eirug yn gyfrifol amdano, roedd 'na agweddau eraill i'w gymeriad cymhleth ac amlochrog. Gallai fod yn sensitif a dwys a thywyll weithiau ac fe welir y nodweddion hyn yn ei weithiau llenyddol. Roedd yn sgrifennwr diwyd a disgybledig ac anghyffredin yn ei allu i gadw at amserlen. Byddai'n aml yn cyrraedd Y Lolfa fel seren bop yn ei gar mawr, fflachus (fel y Merc coch yna â'r rhif 'EIW 44'). Byddai'n cyfarch y staff yn hwyliog a brenhinol (ac yn eu hanrhegu â sachaid o deganau amheus pan fyddai'n dod i'n partïon Nadolig wedi gwisgo fel Siôn Corn), ond pan ddôi'n fater o drafod gwaith a materion cytundebol, roedd Eirug wastad yn foneddigaidd ac yn fanwl ac yn bleser i ddelio ag e.

Braint fawr i ni fel gwasg oedd cael cyhoeddi'r pymtheg o lyfrau llenyddol a sgrifennodd rhwng 1992 a 2004:

corniwcopia o lyfrau amryliw a blasus, cynnyrch ei awen fythol ffrwythlon. Roedd rhai o'r llyfrau – a gipiodd y prif wobrau Eisteddfodol – yn rhai llenyddol uchelgeisiol. Roedd eraill yn boblogaidd a storïol: prin iawn, yng Nghymru, yw dawn Eirug i sgrifennu naratif uniongyrchol, gafaelgar. Cyhoeddodd lyfrau eraill oedd yn ffrwyth ymchwil fanwl i feysydd yr oedd ganddo ddiddordeb arbennig ynddynt (Elvis Presley, Cowbois ac Indiaid, ac wrth gwrs dîm pêl-droed *Manchester United*).

Galwodd Alun Jones, un o'n golygyddion Y Lolfa, ar Eirug yn Ysbyty Gwynedd ryw bythefnos cyn iddo farw er mwyn cyflwyno iddo'r copi cyntaf o *Y Dyn yn y Cefn heb Fwstash*. Gan wybod am ei iechyd brau, roedden ni wedi brysio i gyhoeddi'r storïau hyn, ei gyfrol olaf. Ond er ei wendid, ni welai Alun yr un arwydd o hunandosturi. Roedd sgwrs Eirug ynglŷn â'i gynlluniau ar gyfer y dyfodol: nofel, 'Rhian Giggs', am ferch yn breuddwydio am chwarae pêl-droed; nofel led hunangofiannol – byddai honna wedi bod yn berl; a chyfres newydd o nofelau i bobl ifainc.

Yn amlwg, roedd y Ffatri Drygioni mor brysur ag erioed, yr hen ysbryd byrlymus yn dal i ffrydio. Er gwaetha aflwydd erchyll y canser a fu'n ei ddifa dros ddwy flynedd a mwy, roedd yr uned ddiwydiannol ym mhen Eirug yn dal i gynhyrchu dyfeisiadau a chreadigaethau gwych a gwallgo: *gobstoppers* lliwgar, llenyddol a phowdwr rhech syniadol i beri i ddagrau ddod o'n llygaid – dagrau o chwerthin, ac o grio hefyd, erbyn hyn.

Y WÊN DDRWG
Myrddin ap Dafydd

DOEDDWN I ERIOED WEDI BOD yng nghastell Caernarfon tan y diwrnod hwnnw, ond roedd gen i amser ar fy nwylo cyn hanner dydd ac mi gofiais yn sydyn i Eirug fod yno un tro'n paentio. Paentio sloganau cenedlaethol wnaeth o bryd hynny ar lechfeini o chwarel Dinorwig, a ddefnyddiwyd fel plât i seremoni'r arwisgo amser maith yn ôl. Roedd y weithred honno'n nodweddiadol ohono – chwyldro undyn pan oedd pethau'n symud yn rhy ara' deg iddo.

O furiau'r castell mi allwn weld y Ddraig ar adeilad y Cyngor yn chwifio ar hanner mast, o barch – oherwydd hwnnw oedd diwrnod angladd Eirug. Oddi yno hefyd mi allwn weld y cylch llechfaen yn llawn cachu gwylanod tre'r Cofis – ac o'r ddau beth dwi'n meddwl mai'r ail fyddai ef yn ei ystyried y coffâd gorau iddo.

Dydi hi ddim yn anodd meddwl am straeon 'hogyn drwg' am Eirug. Mi gefais ei gwmni yng nghelloedd yr heddlu yn Llanrwst adeg protestiadau y cyfnod tynnu arwyddion, ac roedd bob amser yn bantomeim wyneb yn wyneb ag awdurdod. Yn ddiweddarach, mi fûm yn gymydog iddo sawl tro fel stondinwr ar Faes yr Eisteddfod, ac mi gefais lawer iawn o gwmni uchelswyddogion yr Ŵyl yn ystod y 'steddfodau rheiny, gan eu bod byth dragwyddol yn gorfod dod at Eirug i ofyn iddo fihafio. Roedd cystal ag unrhyw botsiar wrth dwyllo stiwardiaid, a dod â'i gar i mewn i'r Maes a'i guddio am wythnos, yn barod at yr amser y byddai'n ei ddefnyddio i werthu'r Cyfansoddiadau.

Byddai'n mwynhau chwarae rôl yr Arthur Daley, gyda'r gôt cnu dafad, ei sbectol dywyll, ei gar fflash a'i sigâr. Roedd bachu ei wisg orseddol a'i defnyddio fel gwisg ffansi mewn 'Stomp' yn ail natur iddo. Fe'i gwelais wedyn yn mwydro a berwi pennau cynhyrchwyr radio a theledu, wrth iddyn nhw geisio cael trefn arno ar gyfer eu rhaglenni. Roedd ganddyn nhw awdurdod – felly doedd ganddyn nhw ddim gobaith.

Un gyfres yn arbennig y cefais lawer o hwyl arni yn ei gwmni oedd *Dros Ben Llestri*. Un o'r tasgau fyddai sgwennu cân ddoniol. Wrth inni gyrraedd y neuadd byddai Ceri'r cynhyrchydd yn gofyn am gopi o gerdd Eirug – byddai'r rhaglenni hynny'n cael eu recordio o flaen cynulleidfa fyw, wrth gwrs. O fewn cwpled mi fyddai'n sgrechian a thynnu gwallt ei ben: "Smo fi'n mynd i ddarllen hwn o flaen rheina!" "Pam? Be sy'n bod arno fo?" fyddai cwestiwn syn Eirug, gan ddal i chwarae'r gêm tan yr eiliadau olaf cyn dechrau recordio. Yna, deuai copi o ail gân o'i boced – honno fyddai'r un swyddogol wrth gwrs. Daeth y cynhyrchydd yn rhy gyfarwydd â'i driciau a doedd hi ddim yn tynnu cymaint ar wallt ei phen erbyn y drydedd neu'r bedwaredd rhaglen. Roedd hynny'n her i Eirug fynd â phethau gam ymhellach. Y tro nesaf, mynnai mai dim ond un fersiwn oedd ganddo, a Ceri'n mwynhau'r tynnu coes: "O ie, wi'n dy nabod di erbyn hyn – bydd gen ti gerdd arall pan fyddi di wrthi'n recordio." Pan ddaeth cystadleuaeth y gân ddoniol, dechreuodd Eirug ddarllen ei gampwaith – roedd y ddwy linell gyntaf yn dechrau yn union yr un fath â dwy linell gyntaf y fersiwn biws yr oedd eisoes wedi'i rhoi yng ngofal y cynhyrchydd. Dim ond y ni glywodd y sgrech oedd yn diasbedain yn y fan recordio y tu allan.

'...gweithred nodweddiadol ohono – chwyldro un-dyn pan oedd pethau'n symud yn rhy ara deg iddo'

Ar ei ffordd i Lys Ynadon Caernarfon – achos paentio'r Castell

Ond dim ond y plisgyn ydi'r straeon hynny – roedd yn mwynhau chwarae rhan yr hogyn drwg, ac yn arbennig felly pan ddaeth yn olygydd a pherchennog *Lol*. Eto, nid dyna'r unig Eirug rydw i'n ei gofio. Roedd Mam yn arfer cadw siop lyfrau yn Llanrwst ac mae hi'n ei gofio'n dod yno yng nghwmni'i Nain o Bandy Tudur – hogyn ifanc iawn oedd o ar y pryd. Wrth ddod i mewn i'r siop, byddai ei Nain yn ei siarsio: "Bydda di'n hogyn da rŵan." Roedd hynny'n awgrymu'n gryf iawn ei fod yn mwynhau direidi a drygioni yng nghwmni ei Nain druan ers y dyddiau cynnar rheiny. Ond yn ôl Mam, doedd o'n ddim byd ond hogyn da yn ei siop hi.

Ac mi alla i gredu hynny. Roedd ganddo freuddwyd ac roedd yn credu yn yr hawl i freuddwydio. Roedd wedi gosod nod iddo'i hun ac roedd popeth a wnaeth drwy'i oes yn gam tuag at wireddu'r nod hwnnw. Agorodd sawl siop Gymraeg er mwyn hyrwyddo pob agwedd ar y diwylliant ac roedd bob amser yn hael ei ganmoliaeth, a pharod ei gyngor ynglŷn ag unrhyw beth roeddem ni wedi'i wneud i'w blesio yn y wasg yma. Mi ffoniodd ben bore un tro – roedd newydd yrru adref oddi ar ei wyliau ac yn flinedig bron â disgyn. Tra oedd wedi bod i ffwrdd roedd hunangofiant El Bandito wedi ymddangos. Cydiodd yn y gyfrol honno a'i darllen o glawr i glawr tan dri y bore. Roedd ar y ffôn ben bore eisiau archebu cant i'r siop ac mi ffoniodd am sawl cant arall yn ystod yr haf hwnnw.

Pan ddaeth watsys digidol yn ffasiynol, mi wnaeth Eirug yn siŵr fod rhai Cymraeg ar gael; pan oedd crysau-T slogan bersonol neu fathodynnau dêglo yn ffasiynol, Eirug ddaeth â nhw i'r diwylliant Cymraeg. O sticeri ceir 'Dim Rhechan' i gondoms, roedd y byd mawr cyfoes bob amser yn un

Cymraeg, diolch i Eirug. Nid yn unig roedd o'n credu mewn rhywbeth, roedd o hefyd yn gwneud rhywbeth ynglŷn â'r peth.

Mae'n anodd meddwl am 'Stomp' yn digwydd yn unrhyw le arall yn y Byd – mae stamp Eirug mor amlwg arni. A dweud y gwir, dydi'r sioe yn ddim ond ymestyniad o'r stompiau un-dyn roedd o'n eu cynnal mewn cabarets a chlybiau nos ddiwedd y Saith Degau a dechrau'r Wyth Degau. Y fo welais i gyntaf yn sefyll ar ei draed o flaen stafell gefn tafarn o dan ei sang, yn llawn sŵn a chwrw Steddfod, ac nid yn unig yn cael gwrandawiad ond yn dal y gynulleidfa ar gledr ei law wrth ddarllen ei gerddi. Wrth gwrs, fyddai o byth mor ymhongar â'u galw'n gerddi – parodïau, rhigymau, penillion oedden nhw a dychanu y sefydliad barddonol, ymysg pethau eraill, oedd eu diben. Eto, gyda'r perfformiadau hynny, mi roddodd hyder i eraill ei ddilyn, i wneud barddoniaeth yn rhywbeth llafar a difyr eto.

Lle bynnag y byddai Eirug, mi fyddai 'na lawenydd yno. Er ein bod ni'n ei gofio fel dychanwr, doedd dim coegni na gwawd sur yn perthyn i'w ddychan. Nid dychan yn sinigaidd y byddai o ond byrstio ambell falŵn chwyddedig er mwyn camu tua'r nod hwnnw eto. Nid pigo hen grachen, ond trin llafn dur glân – tynnu i lawr i adeiladu Cymru well yr oedd o. Dyna pam fod 'na wên o'i gwmpas o bob amser. Roedd y gwirionedd ganddo, roedd ei weledigaeth yn bleser iddo a dyna pam fod 'na wên wrth ei gofio hefyd.

RHYW DDARN BACH YN LLANRWST
Geraint Jones

STEDDFOD LLANRWST, 1989, oedd hi, a chyfarfod arbennig iawn yn cael ei gynnal mewn tafarn yn Nhrefriw. Roedd yno lond y lle o gyn-Adferwyr, rebeliaid, beirdd a phobol Pesda, a phawb wedi dod yno i ddathlu lawnsio *Llanw a Thrai*, cyfrol ardderchog o gerddi'r Prifardd Ieuan Wyn. Sipian rhyw dropyn bach oeddwn i pan ddaeth Eirug ataf a golwg bryderus dros ben arno. Rhoddodd lythyr ar y bwrdd o'm blaen, llythyr a dderbyniodd y bore hwnnw ar Faes yr Eisteddfod.

"Ffwl Marx?" gofynnais. "Ie. Cachfa go iawn," atebodd mewn llais a swniai'n llawn anobaith. Hanner ffordd drwy wythnos y Steddfod, neu'n hytrach hanner ffordd drwy wythnos gwerthu *Lol*, roedd llythyr twrnai (nid y cynta na'r ola'n sicr!) wedi cyrraedd golygyddion y cylchgrawn, a hwnnw'n llythyr mileinig a bygythiol. Os cofiaf yn iawn, o swyddfa rhyw dwrnai ym Mangor y daeth, ac roedd ei gynnwys ynglŷn â llun rhyw Almaenwr noeth oedd â'i bidlan yn gorffwys yn ddiog ar ei glun, llun a osodwyd ar dudalen 7 *Lol*, ochr yn ochr â'r cyfweliad bythgofiadwy hwnnw rhwng Rhodri Glyn Thomas a'r Fam Teresa.

Gweithredai'r twrnai ar ran rhyw ddyn o'r Sowth a adwaenwn yn dda, dyn y gwyddwn sut y gweithiai ei feddwl hunangyfiawn, a dyn nad oeddwn i nac Eirug, na llawer un arall, yn ei eilunaddoli a dweud y lleiaf. Roedd y dyn hefyd, fel mae'n digwydd, yn elyn anghymodlon i Fudiad Adfer, yn gyn-Gadeirydd Cymdeithas yr Iaith (swydd a agorodd ddrysau hawddfyd i lawer un o'i deiliaid), yn awdur, ac yn flin. Bu'n ddigon annoeth ac ehud i gredu mai llun ohono fo oedd llun yr Almaenwr noeth yn *Lol*! Sôn am hyfdra!

Am ryw reswm cymerai Eirug y llythyr twrnai o ddifri, ac am y tripheint cynta roedd o'n pryderu. Gwrthodai'n lân â chredu mai blyff oedd y cyfan o'r bygythiadau. Ond yna, ar drawiad llygad, bu cyfnewidiad syfrdanol. Newidiodd ei wedd a'i agwedd yn llwyr. Welais i rioed y fath drawsnewidiad mewn dyn (ac eithrio 'dyrchafiad' D.E.T. i Dŷ'r Arglwyddi, efallai). Wele, agorwyd y fflodiart â lli o wybodaeth. Gustav Darnbach oedd y model Almaenig noeth, nid unrhyw Gymro na Chomiwnydd honedig. Soniwyd am bentref go iawn ym Mafaria o'r enw Wielenbach. Roedd rhifyn 1990 o *Lol* i'w weld yn ymffurfio yn ei ymennydd carlamus a bellach roedd ei 'ddychymyg yn drên'. Aeth rhagddo, mewn iaith liwgar, i roi'r bygythiwr diawl yn ei le, a hynny â'r fath hwyl a huotledd nes bod cynulleidfa sylweddol bellach wedi ymgasglu o'i gwmpas, a phawb ohonom yn glana o ddagrau. Profiad nad â'n angof, yn wir.

A'r flwyddyn ddilynol (1990), yn Steddfod Cwm Rhymni, cyhoeddodd *Lol* ei erthygl anfarwol *Lolgolbio*, ynghyd â thudalen gyfan o un ar bymtheg o luniau Gustav Darnbach unwaith yn rhagor, ond y tro hwn gyda phennau aelodau amlwg y sefydliad Cymreig wedi eu mewnosod (ac yn eu plith Eirug!), a phen Gustav druan wedi ei roi i orffwys yn ei afl ei hun, gan guddio'r tramgwydd.

Call my bluff, ebe'r Sais a'r twrnai gwirion. Dyna wnaeth Eirug Wyn y dwthwn hwnnw, a daeth allan fel y wawr. Â dirmyg y cofiaf am elyniaeth a thraha hunangyfiawn y

Gustav Darnbach Cymreig, ond â gwên hiraethus y cofiaf am ymateb tanbaid a llachar fy nghyfaill mwyn i saethau'r fall.

EIRUG HAEL
Ieuan Wyn

SONIWYD LLAWER AM HAELIONI EIRUG yn ei berthynas ag achos yr iaith, ond roedd yr un mor hael tuag at ffrindiau a chydnabod. Mae gan bob un a brofodd ei garedigrwydd ei stori ei hun, felly maddeuwch y cyfeiriadau personol.

Mi roeddwn, mewn sgwrs efo Eirug yn ystod 1976, wedi digwydd crybwyll mod i'n perthyn i Gweirydd ap Rhys (Robert John Pryse), yr hanesydd. Ymhen rhai misoedd, dyma gael fy nghyflwyno efo clamp o barsel yn cynnwys copïau o ddwy gyfrol fawr Gweirydd ap Rhys, *Hanes y Brytaniaid a'r Cymry*. A'r tu mewn i'r ddau lyfr, y geiriau 'Rhoddwyd i Ieuan Wyn, Hydref 30ain, 1976 (Dydd Protest Efailwen)', yn cofnodi gwrthdystiad cyhoeddus cyntaf Adfer, yn galw am enwau lleoedd yn Gymraeg yn unig ar arwyddion ffyrdd.

Enghraifft arall o'i haelioni oedd pan gyhoeddais gyfrol o gerddi yn 1989. Flynyddoedd cyn hynny roedd wedi bod yn gofyn am gael eu cyhoeddi, a minnau wedi addo hynny iddo. Pan benderfynais ddwyn rhai o'm cerddi ynghyd yn gasgliad doeddwn i ddim am i'r gyfrol dderbyn nawdd y llywodraeth. Cedwais fy addewid i Eirug, ac aeth ati i'w chyhoeddi heb gymhorthdal, yn enw Gwasg Gwalia. Yn ddiweddarach, mynnodd drosglwyddo hawlfraint y gyfrol yn llawn i mi. Un fel 'na oedd Eirug.

"SYNIAD TWP, MR WYN!"
Gwion Lynch

MI DDOIS I AR DRAWS EIRUG gyntaf yng nghyfarfodydd Mudiad Adfer, a sylweddoli'n syth mod i yng nghwmni rhywun arbennig iawn. Roedd arweinwyr Adfer yn aml yn cael eu portreadu fel rhai sychach na'r Tadau Methodistaidd, ond roedd Eirug yn chwalu'r myth yma'n deilchion. Roedd ei frwdfrydedd a'i hiwmor yn heintus, ac ar ben bob dim roedd ganddo fo gar mawr pwerus – rhaid bod y boi yma yn gwneud rhywbeth yn iawn! Trodd y myfyriwr bach diniwed o Garrog yn *wannabe* Eirug ar ei union!

Roedd Eirug wastad yn dipyn o arloeswr. Fo oedd un o'r Cymry Cymraeg cyntaf i gael rhif car 'preifat' – heddiw, mae gan bawb un, o'r selebs i'r slobs. Fo oedd y cyntaf i werthu sothach ar faes y Steddfod. Dwi'n dal i gofio'r iâr swnllyd yn dodwy wyau y tu allan i'w stondin, a phlant bach Cymru'n heidio yno efo cynnwys eu cadw-mi-geis. Roedd yr iâr yn fwy enwog na'r archdderwydd – aeth hwnnw'n angof, ond mae'r iâr yn fyw yn y cof. Erbyn heddiw mae 'na ddwsinau o stondinau tebyg, ond Eirug oedd y Del Boy cyntaf. I fod yn *rhywun* ar faes y Steddfod y dyddie hyn mae'n rhaid cael ffôn bach yn sownd wrth eich clust – unwaith eto, Eirug oedd un o'r rhai cyntaf i gario un o gwmpas y maes. Mi fedraf ei weld rŵan yn cerdded yn hamddenol a ffôn run faint â choncrit bloc yn ei law – iechyd, oedd o'n cŵl cyn bodolaeth pobol cŵl. O'n i'n dal yn *wannabe* Eirug.

Byddai Eirug yn ein bwydo ni fyfyrwyr ym Mangor efo syniadau am brotestiadau. Roedd paentio slogan ar wal flaen y Coleg wedi mynd yn waith rhy rwydd i'r porthorion ei lanhau. Dwi'n meddwl mai syniad Eirug oedd sugno wyau a'u llenwi efo paent gwyn cyn eu hyrddio o bellter at waliau'r Coleg. Weithiodd o ddim – ddaeth y grenadau ddim allan o'r ffatri fomiau yn Bala Bang yn un darn. Roedd y darpar brotestwyr yn baent drostynt a'r lleill yn caca omlets drwy'r nos! Syniad twp, Mr Wyn – "Ia, dwi'n gw'bod," medde fo.

Dro arall roedd aelod o'r teulu brenhinol yn ymweld â Bangor a threfnwyd protest – un fyddai'n cael sylw'r byd! Eirug, neu'r 'con-man' fel byddwn i'n ei alw erbyn hyn, oedd y *go-between* i brynu can mil o sdinc-boms gan rywun o Fanceinion. Y cynllun oedd gollwng y rhain efo'i gilydd ar amser penodedig wrth i Charles (neu ei fam) basio. Yn anffodus, mi baniciodd amryw o fyfyrwyr a'i heglu hi'n ôl am JMJ, eraill yn lluchio eu bomiau cyn pryd, ac fuodd 'na fawr mwy o ddrewdod nag ambell i rech dafad. Roedd bomiau Eirug, yn hytrach na chwalu, yn bownsio fel peli lawr y stryd. Methiant arall, Mr Wyn – ond roedd o yn ei ddyblau!

Eirug yn fy ffonio rhyw ddiwrnod, wedi cael un o'i syniadau. Meddwl tybed faswn i'n licio bod yn un o gyfarwyddwyr *Lol* efo fo a Robat Gruffudd. Finnau fel rhyw gyw o sgwennwr yn meddwl mod i wedi ennill y *Booker Prize* – o'r diwedd roedd rhywun yn gwerthfawrogi fy nhalent i. Wel am siom ar ôl cael ar ddeall gan Eirug beth fyddai fy nyletswydd i fel un o'r uwch-sanhedrin – doedd dim angen imi sgwennu eff-ôl, dim ond bod yn *minder* iddo fo yn y Steddfod a chymryd y fflac pan fyddai rhyw bwysigyn lloerig am ei waed o – *so much* am fy nawn greadigol!

Roedd gen i freuddwyd, sef sgwennu cerddi doniol fel Eirug Wyn. Pan ges i gyfle i fod yn un o dîm sgriptio'r rhaglen ddychan *Drwg yn y Caws* ar Radio Cymru, "Dyma fy nghyfle," meddwn i. Roedd cân yn talu'n dda, ond y grefft oedd ei chael i bara fymryn dros dri munud fel bod y BBC yn gorfod talu am bedwar munud llawn – doedd sgwennu sgets, a barai lai na munud gan amlaf, ddim yn talu hanner cystal! Am ryw reswm dim ond fy sgetshis fyddai'r cynhyrchydd Trystan Iorwerth yn eu defnyddio – don i ddim yn ddyn hapus. Buan y dois i sylweddoli pam – roedd Eirug hefyd yn un o'r sgriptwyr, a llwyddai nid yn unig i sgwennu caneuon oedd yn taro deuddeg, ond roedd y cythraul hefyd yn eu cael nhw i bara dros bum munud!

Ar ôl gadael y Coleg, mi wnes i a Gerallt Tudor o Gorwen sefydlu cwmni Memrwn, cwmni oedd yn gwerthu papur ac offer swyddfa. Roedd Eirug yn barod iawn ei gefnogaeth, a phan benderfynais ddod â'r cyfan i ben, mi brynodd Eirug y cwmni. Setlwyd ar bris a dyna hi, dim cytundeb ysgrifenedig o fath yn y byd. Wedyn mi ddaeth achos llys *Lol* a'r straen ariannol ofnadwy ddaeth yn sgil hynny. Ro'n i'n bendant na welwn i byth mo f'arian, ond mi ddylwn i fod wedi nabod Eirug yn well. Ar ôl cael ei draed dano unwaith eto mi dalodd bob ceiniog am Memrwn.

Llythyr yn y post – Eirug awydd sefydlu cwmni teledu ei hun. Roedd o am gael ambell flwyddyn o brofiad efo Ffilmiau'r Bont cyn dechrau ar ei liwt ei hun. Roedd o am i mi a chyfaill arall fod yn bartneriaid iddo fo. Ddaeth 'na ddim byd o'r peth: roedd o'n llawn syniadau ond yn rhy brysur i'w gwireddu i gyd. Bron na ddwedwn i "Syniad twp arall, Mr Wyn," ond mae'r ffaith iddo fo'n ystyried i fel partner yn golygu llawer i mi erbyn heddiw.

Falle na wnaeth Mudiad Adfer arwain at chwyldro gwleidyddol yng Nghymru, ond yng nghymeriad Eirug mi ges i gipolwg ar yr hyn allasai fod. Roedd o'n Adferwr ymarferol yn byw y freuddwyd. Erbyn meddwl, doedd 'na ddim byd o'i le ar fod yn *wannabe* Eirug Wyn.

TRO TRI CHYMRO AR DIR Y GWYDDEL GYNT
Robat Trefor

CHWARTER CANRIF MOR FAITH, mor fyr, yn ôl, a hithau ar ben am byth ar Gymru wedi pleidlais Dygwyl Ddewi 1979, yn hwyrach y flwyddyn honno yn Eisteddfod Caernarfon, cododd aderyn gân i'n ffurfafen afagddu a oedd i'n cadw ni'n chwerthin dro yn y blynyddoedd tywyll. Yr aderyn hwnnw oedd Derec Tomos. Mawr oedd y dyfalu a'r chwilota am enwau ar faes y Brifwyl. Pwy oedd yr awdur go iawn oedd biau '*Gorau Cymro...*'? Yn y gyfrol ei hun roedd ambell awgrym anghynnil mai rhai o fyfyrwyr anystywallt Bangor yng ngwres dyddiau'r cythryflau oedd wedi bod wrthi â'u llach ar y Cymry da. Dau enw a amheuid yn fawr o'r drosedd oedd enwau Iwan Edgar a Robat Trefor. Yn wir, cyfarchiad cyntaf Gwyn Thomas wrthynt ill dau wrth daro arnynt gyda'i gilydd ar gae'r Eisteddfod oedd "Dwi'n gweld ych bod chi wedi bod wrthi'n cyfansoddi!"

Dri neu bedwar mis wedi hynny, ar steshion Caergybi, gefn gaeaf glawog, niwlog, dyma dri llanc ifanc yn ymlwybro tua'r dau o'r gloch y bore am yr hen long *St. Columba* a oedd i gludo'r tri ar drip diwrnod i Ddulyn. Ar y blaen roedd yr hynaf a'r talaf o'r tri, yn sbectol ac yn fwstash, ei gôt gamel raenus amdano, a'i gês busnes du yn ei law. Hwn oedd Eirug Wyn, crewr Derec Tomos ac awdur y rhan fwyaf o gyfrol gyntaf y bardd. Yn dilyn y tu ôl iddo, yn fwy carpiog a thua dwy oes myfyriwr yn iau, y naill o Lŷn fel styllen a'r llall o Fôn yn fwy o foncyff, roedd y ddau o Goleg Bangor a gawsai'r bai am y cyfryw waith. Roedd bwrw'r bai arnynt wedi bod yn rhan o'r jôc gan Eirug Wyn. Ac wedi i'r ddau o Fangor benderfynu ymuno yn y jôc a chyfrannu at gerddi Derec Tomos, dyma Eirug Wyn yn trefnu trip i Iwerddon i ysgrifennu'r ail gyfrol, gydag Eirug ei hun yn talu am bob dim.

Croesi'r nos ar draws y gangwe i olau'r llong, ac am y bar ar eu pennau â'r tri. Cael bwrdd, a thaclau'r creu, yn llyfrau nodiadau a beiros i bawb, yn cael eu taro arnynt yn syth gan y Pen Derec allan o grombil y cesyn du. Wedi codi angor, mynd heibio trwyn y morglawdd ac am y môr mawr y tu hwnt i Ynys Lawd, roedd y bar ar gael i'w hysbrydoli am y teirawr hir. A gaed o gywain yr awen ar y trip, yn yr oriau hynny y'i caed, er nad oedd y cnwd yn brin. Sgriblian traed brain o linellau, eu llafar ganu, eu hateb, eu herio, eu stumio, eu trwsio a'u troi; clytio, ailwampio, anobeithio, ailweithio, ailadrodd a chwerthin. Eirug yn picio i siop y diodydd di-doll gyda'i gês. Ailafael drachefn yn awen y cerddi ac ewyn y cwrw.

Cyrraedd Iwerddon, a chnewyllyn cyfrol ym mlerwch y llyfrau nodiadau a oedd wedi'u stwffio i'w pocedi wrth iddynt ei baglu hi am y lan. Yna, ar y trên am y ddinas a chroeso'r tai tafarnau cynnar a agorai am saith o'r gloch y bore. Llymeitian ychwaneg, cyboldrian a rwdlian o'i hochr hi mewn stidyllau anghofiedig nad ydynt mwy. Tua'r naw, eisiau brecwast a'i gwneud hi am y *Shelbourne*. Brecwast yn cael ei weini, er cryn syndod, ac Eirug yn talu eto.

Wedi llenwi'u boliau, heb gysgu drwy'r nos yn chwysu uwch y cerddi a'r yfed yn drwm, daeth blinder a lludded i'w llethu ill tri. Meddwl cael cyntun, ond ei bod hi'n rhy ddi-ddal ar y tywydd i allu mentro'r meinciau tua'r parc.

Crwydro'r strydoedd gydag amrannau plwm a chyrraedd Coleg y Drindod. I mewn i'r adeilad newydd â nhw a'r parchusaf ei wedd yn arwain wrth ddringo grisiau tro llydan. Ar yr ail lawr, agor cil un o ddau ddrws go fawr a gweld theatr ddarlithio eang a gwag. Sliffio drwy'r drysau a'u cau y tu ôl iddynt cyn ymestyn ar y carped caled clyd rhwng y rhesi uchaf o gadeiriau codi. A chysgu. Pa hyd bynnag y bu hynny o gwsg, hanner deffrôdd y tri i su a sisial myfyrwyr lawer yn llifo drwodd i lenwi'r theatr, nifer ohonynt wedi sylwi ar y cyrff ar lawr yn y cefn. Tipyn cyn i'r tri chysgadur lwyr ddadebru, dyma ddarlithydd yn dechrau arni yn y tu blaen gyda'i druth. Sbeciodd tri o bennau petrus arno dros ymyl y seddi, cyn dal llygaid ei gilydd a phasio gwneud y goes. Cododd y traethydd ei olwg tua'r stwyrian yn nhu ôl yr awditoriwm. Brwysg atgyfododd y tri chorff yn y cefn fel un, yn araf o bwyllog ond yn boenus o amlwg, cyn ei throi hi ar sodlau sydyn drwy'r drysau. Wrth balfio gofalu bod y cês a phopeth ganddynt cyn i'r drysau trymion gau o'u hôl, dyma glywed llais y darlithydd parod yn ei dweud hi yn ei Saesneg, "Wyddwn i ddim mod i gynddrwg â hynny!"

Wedi dianc o'r lle cyfyng hwnnw, troes y tri eu traed tua'r tai tafarnau eto draw. Cyrchu'r anhygyrch dafarnau gefngefn â'r strydoedd mawrion. Ymsuddo yn nhawelwch myglyd, pyglyd un ohonynt ac Eirug at gornel y bar a chael gair yng nghlust y barmon. Y drychau helaeth y tu ôl iddynt yn adrodd y stori deirgwaith drosodd mewn adlewyrchiadau pwl. Agor y cês du, potel chwisgi ac arian yn newid dwylo. Eirug yn ei ôl yn wên a gorfoledd o fod wedi gwneud elw. Piffian rhwng hepian a'i hel hi am y lle nesaf. Ac felly o far i far y talwyd am y trip. Ac felly o far i

123

far yr aeth pob stryd, pob bwrdd, pob cadair, pob cownter, pob gwydryn peint, pob barmon, pob potel chwisgi, pob taro bargen, pob sigarét a phob sigâr, pob sgwrsiwr, pob sgwrs, pob drws, pob drych, yn un â'i gilydd, yn un darlun dieithr, yn un marweidd-dra mawr.

Am yr annoethau a fu ar ben hynny y dwthwn hwnnw, am y fordaith adref o barlys y Gaer Wydrin, ac am y cyrch i achub y llyfrau cerddi coll drwy berfedd y llong, nid eir i sôn.

Bu gan Dderec Tomos gyfrolau eraill a chyfranwyr eraill wedi hynny. Bu farw ac ni bu farw Cymru drosodd a throsodd. Ond ni welwyd mo fath y tri uchod gyda'i gilydd ar drip cyfansoddi ar dir y Gwyddel fyth wedyn. A dyna'r chwedl am y triwyr aeth i Iwerddon chwarter canrif mor faith, mor fyr, yn ôl.

'Y PENTAN', CAERNARFON
'Bacwn, wy a blydi parot!'

Y DYN YN Y SIOP HEFO MWSTASH
John C Jones

Dwi'n cofio Eirug a'r teulu yn dod i Ddeiniolen i fyw, ond gan fod Eirug ychydig flynyddoedd yn fengach na fi, a phlant yn dueddol o gadw at griw o'r un oed, prin oedd y cysylltiad fu rhyngom bryd hynny.

Ond wedi dilyn hanesion ei anturiaethau dros y blynyddoedd, daethom yn gyfeillion pan symudodd Eirug Siop y Pentan i Stryd y Porth Mawr yng Nghaernarfon. Ar y pryd roeddwn i yn rhedeg Caffi Cei yn yr un stryd, y drws nesaf i Siop y Ddraig Goch, ac roedd Siop y Modur ar yr ochr arall, y drws nesaf i'r Pentan. Felly ac eithrio siop Tesco oedd dros y ffordd i ni roedd hon yn stryd yn llawn busnesau yn cael eu rhedeg gan Gymry lleol.

Yn ôl ei arfer roedd Eirug fel chwa o awyr iach yn y stryd ac yn defnyddio'r caffi i ddod at ei hun ar ôl ambell noson go danllyd yn y Goat, Llanwnda. Byddai ei gar wedi ei barcio hanner ar y pafin a hanner ar y ffordd, drws y caffi yn agor ac Eirug yn dweud, "Gwna frecwast i mi – uffar o noson!" Ar ganol y brecwast dyma Gordon ddy Warden, y warden traffig, yn dod i mewn a dweud: "Eirug – ti 'di gweld sut wyt ti wedi parcio – ti 'di blocio'r lôn".

"Aros funud, Gordon, dwi ar hanner byta hwn – cymera baned efo fi."

Daeth Eirug i mewn un diwrnod a gofyn a oedd gen i ddiddordeb mewn gwerthu shampŵ. Minnau'n cytuno i'w helpu i werthu'r cyflenwad oedd ganddo. Mewn diwrnod neu ddau dyma Eirug yn cyrraedd acw mewn fan gyda galwyni o'r stwff – hylif pinc a hylif melyn. "Mefus neu Lemon - dau ddewis," meddai Eirug. Dyma fynd ati i werthu'r shampŵ yn y caffi, ac un o'r cwsmeriaid cyntaf oedd Hywel Trewyn sydd bellach yn ohebydd i'r *Daily Post*, ond a weithiai i bapurau'r Herald bryd hynny. Cytunodd Hywel i brynu galwyn o shampŵ mefus, pinc ar ôl llyncu'r abwyd gan Eirug: "Mi neith i olchi dy wallt a golchi'r car, a dim ond unwaith fydd rhaid i ti olchi dy wallt hefo fo."

"Pam hynny?" meddai Hywel.

"Achos mi fydd wedi disgyn allan ar ôl y golchiad cyntaf," oedd ateb Eirug.

Bu gwerthu hefyd ar 'Sebon Swigod Jac y Do', sebon i'w roi yn y bath i'r plant, ac mae gennyf botel ohono yn dal ar ôl, ac felly hefyd yr oriawr ddigidol Gymraeg a werthai Eirug yr un pryd.

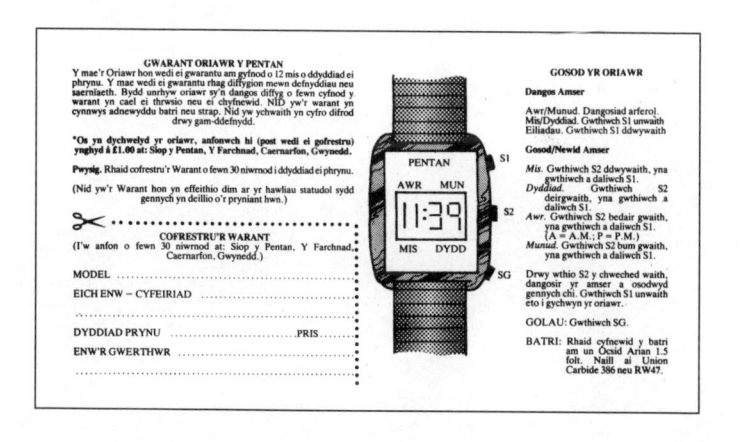

Tua'r adeg yma roeddwn wedi llogi parot mewn caets a cheffyl mecanyddol gan Eirug i'w gosod y tu allan i'r caffi. Bob tro yr âi rhywun heibio roedd y parot yn chwibanu, a'r gobaith oedd bod rhywun yn rhoi arian i'r parot a hwythau'n cael wy plastig ag anrheg bychan ynddo. Ond gan fod y caffi yn agor yn gynnar roedd y parot yn dechrau chwibanu tua 7.00 y bore a chawsom gŵyn gan ddau o hogiau ifanc oedd yn byw mewn fflat gerllaw, fod y parot yn blydi niwsans, a bu'n rhaid i Eirug ddod acw hefo'i sgriwdreifar i ddistewi tipyn ar glochdar y deryn.

Roedd Eirug yn barod bob amser i roi help ar adegau prysur yn y caffi ac aml i fore byddai yn y gegin yn ffrio bacwn ac wy i'n cwsmeriaid, cyn mynd ymlaen i Siop y Pentan. Ei ddireidi a'i hiwmor, a'i allu i ddod ymlaen hefo pob math o berson, sydd yn aros yn fy nghof o'r dyddiau hynny.

BWYDO'R PAROT
Eleri Roberts

ROEDDWN YN CERDDED i lawr Stryd y Porth Mawr yng Nghaernarfon un diwrnod pan ddaeth Eirug allan o'i siop a gofyn i mi a fuaswn yn hoffi gweithio yn Siop y Pentan am gyfnod o ryw fis, tra roedd ef a Gwenda yn cael gwyliau. Cytunais yn syth, gan nad oeddwn yn gweithio ar y pryd, a dyma ddechrau ar flynyddoedd o weithio'n hapus iawn yn ei gwmni.

Roeddwn yn adnabod Eirug o hirbell ers rhai blynyddoedd cyn hynny, gan fod y ddau ohonom yn byw yn y Groeslon. Roeddwn wedi meddwl bob amser ei fod yn ddyn seriws ac eithaf sychlyd ei natur, ond buan iawn y newidiais fy meddwl wrth ddod i'w adnabod yn well!

Roedd gweithio gydag Eirug fel gweithio gyda *time-bomb* yn yr ystyr nad oeddech byth yn gwybod beth fyddai'n digwydd nesaf. Byddai'n cyrraedd yn ôl o Fanceinion neu Lerpwl yn gyson, gyda rhyw lwyth neu'i gilydd. Beth oedd yn y llwythi? Wel, rhyw fathodynnau angen eu gwneud, neu dro arall rosét i'w roi wrth ei gilydd, cardiau Nadolig i'w printio, eu plygu a'u pacio ayyb. Ond y prosiect gwaetha oedd y blwmin parot – hynny ydi, rhoi anrhegion amrywiol yn yr wyau plastig yn barod i'w rhoi ym mol y peiriant. Ac o sôn am y parot – roedd yr hen foi mewn cawell tu allan i'r siop, a phan oedd pobl yn pasio byddai'n gweiddi arnynt yn Gymraeg. Rhaid dweud i ni gael lot o hwyl wrth weld rhai yn neidio wrth ei glywed yn mynd trwy'i bethau, ond un diwrnod galwodd dyn o

Asiantaeth yr Amgylchedd i weld Eirug ynglŷn â'r parot – roeddynt wedi cael llythyr yn cwyno am ei sŵn, ac os na fuasai Eirug yn tawelu yr hen dderyn buasai rhaid mynd â'r achos i'r llys. Does dim rhaid dweud wrthych beth oedd ymateb Eirug, a dwi'n dal i chwerthin wrth gofio am yr helynt!

Soniais ar y dechrau fy mod wedi meddwl fod Eirug yn ddyn seriws, ond er iddo gael digon o achosion i'w boeni doedd yr ochr honno iddo ddim yn dod drosodd yn aml. Roedd bob amser yn barod i helpu unrhyw un ac fe wnâi hynny'n aml yn y dirgel heb hawlio dim clod. Roedd yn ddyn doniol dros ben a byddaf yn aml yn meddwl am fy amser yn Siop y Pentan, yng nghyfnod Eirug, gyda gwên fawr ar fy wyneb.

Roedd gennyf barch mawr i Eirug a chwith yw meddwl na chawn ei weld eto. Diolch am gael ei adnabod.

GWEITHIO YN 'Y PENTAN'
Nan Wyn

GWEITHIWN DROS GYFNOD gwyllt glaslencyndod yn Siop y Pentan, Caernarfon. Cyfnod gwych ym mywyd rhywun, cyfnod pan ydech chi'n agored i gael eich dylanwadu. A dyna'n union a wnaeth Eirug arnaf i. Erbyn hyn, a minnau'n wraig, yn fam, ac yn weinidog, yn ceisio bod yn barchus, chewch chi mo'r fraint o gael darllen y cyfan am ei ddylanwadu arnom fel criw ifanc heriol yn Siop y Pentan yn yr 80au!!

Doedd dim sôn am gael unrhyw gymwysterau yr oedd eu hangen er mwyn cael swydd mewn siop ar ddydd Sadwrn. Dim cyfweliad, dim gwisg arbennig, ond roedd yna un amod!

"Ti'n g'neud y tro yn iawn i fi, ond mi gawn ni weld be ma'r genod acw yn ei feddwl ohonat ti, ac os fyddan nhw yn dy licio di, mi gei di'r job!!" Sadyrnau i'w cofio oedd y rhai hynny, yn cychwyn am naw y bore yn y siop ac yn gorffen am hanner nos yn gwarchod Dwynwen a Rhiannon, heb anghofio Gel y ci hefyd, wrth gwrs.

Tydwi ddim yn deilwng i ddweud y cyfan am Eirug. Doedd yna ddim byd nad oeddwn i'n gallu ei drafod efo fo: Cymdeithas yr Iaith, llenyddiaeth, cwrw dre, a phroblemau carwriaethol! Roedd ei farn ar y cyfan yn bwysig i mi.

Nid Cymry Cymraeg dosbarth canol ardal Caernarfon oedd yn teimlo dyletswydd i wario mewn siop Gymraeg (ac a wariai ffortiwn fechan pob Nadolig) oedd yr unig rai i gael ei sylw yn y siop. Câi pawb yr un sylw ganddo – dyn pobl oedd Eirug. Doedd o ddim yn gweld lygad yn llygad efo pawb, a doedd o ddim yn ceisio cuddio hynny!! Ond ynghanol ei brysurdeb roedd ganddo wastad amser i'w bobl. Bob yr Herald, dyna i chi gymeriad, yn ddi-ddant, yn gloff ac yn llawn direidi. Dyma un oedd yn annwyl iawn yng ngolwg Eirug. Sylw cyntaf Bob wrtha'i yn y siop (a finnau'n bymtheg oed) oedd, "Ti a fi yn perthyn." Finnau'n meddwl, wel sut ar wyneb daear dwi'n perthyn i hwn? Ac ateb Bob? "Mae dy Dad di a Nhad i yn ddau Dad!" Ac Eirug a Bob, y taclau drwg yn chwerthin llond eu boliau ar fy mhen wrth i mi geisio gweithio'r peth allan. Y cwestiwn nesa oedd, "Be ti ffansi, Edwardian ta Victorian?" Finnau'n dewis yr ateb mwyaf 'diogel' – "Victorian". Cyn i mi gael cyfle i ddal fy ngwynt dyma Bob yn rhoi coblyn o sws wlyb ar fy llaw i. Ymateb Eirug i hynny oedd; "Diolcha i'r drefn mai nid Edwardian ddewisaist ti!"

Pan ddaeth fy nghyfnod yn Siop y Pentan i ben, yr un oedd cyfeillgarwch a ffyddlondeb Eirug a Gwenda tuag ata' i. Cerdyn, a siec ynddo, yn cyrraedd pan anwyd Miriam ein merch, a'r geiriau tu mewn yn dweud "Rhywbeth bach at gronfa lysh yr hen hogan!" Pwy ond Eirug Wyn?

Bwlch gwag, na chaiff byth ei lenwi. Diolch i ti yr hen fêt, mi edrycha i ymlaen at gael dy weld di eto, achos dwi'n credu y byddwn ni'n dau yn yr un lle un diwrnod.

CYMDOGION
'Eisteddfod y Groeslon, a siocled o'r Swistir'

WATSUS, CŴN POETH A CHOWBOIS!
Dafydd Owen

DWI WEDI PENDRONI A PHENDRONI am y tipyn teyrnged yma. Trio meddwl be fasa Eirug yn hoffi, neu ddim yn hoffi ei weld mewn cyfrol o'r fath.

Pe bai o yn ei ddarllen dwi'n meddwl na "Smât Defi, ma isho dipin o laff, toes," y bysa fo'n ddeud. Ac mi roedd o'n un am laff.

Beth bynnag, y broblem fawr sydd gen i ydi'r ffaith fod yna gymaint i'w ddweud am Eirug. Dim dyn un maes oedd o, ond dyn amryddawn yn amlygu ei hun mewn sawl maes.

Dwi'n cofio isda' yn y tŷ un gyda'r nos pan ddaeth cnoc ar y drws.

Gwyneth oedd yno, Ysgrifenyddes Steddfod y Groeslon ac mi roedd mewn tipyn o bicil. Un o'r arweinyddion wedi mynd yn sâl ar y funud ola a hitha'n meddwl y baswn i yn medru llenwi'r bwlch.

Fetra chi ddim gwrthod Gwyneth, ma hi'r ddynas fwya hawddgar, ac ar ben hynny'n weithgar iawn hefo'r Steddfod a phethau eraill yn y pentref.

"Iawn," me fi, "Mi dria i, ond pwy sy'n cyd-arwain?"

"Eirug Wyn," medda hitha.

Ddwy flynedd ar hugain yn ddiweddarach mi roedd Eirug a finna'n dal i arwain y Steddfod, ac Eirug oedd hefyd yn trefnu'r orsedd ac yn sgwennu'r pytiau cyfarch i blant y pentref eu darllen. Yn ddiweddarach y fo oedd yr ysgrifennydd hefyd.

Wrth sôn am Steddfod, Eirug oedd Ysgrifennydd Pwyllgor Cyhoeddusrwydd Eisteddfod yr Urdd Dyffryn Nantlle yn '90. Fu 'rioed y fath bwyllgor nac ychwaith y fath gofnodion.

Pwy, medda chi, fasa'n sgwennu petha fel hyn mewn cofnodion?

'Yr Aiatola chwartar awr yn hwyr. Pawb yn gobeithio ei fod wedi anghofio.' Cyfeirio at Dei Tom, Cadeirydd y Pwyllgor yr oedd o.

Un arall sy'n dod i'r cof ydi: 'Pawb ar 'i gora heno, Big Chîff Defis (Cadeirydd y Pwyllgor Gwaith) ac un neu ddau o grafwrs eraill wedi gwisgo siwtia am ein bod yn cael y fraint o bresenoldeb Elfi Mac Donald (Cyfarwyddwr y Steddfod) yr holl ffordd o Batagonia bell.'

Un o syniadau Eirug oedd cael carafan i werthu Cŵn Poeth. Criw o bedwar neu bump ohonom yn mynd o gwmpas Carnifals, Steddfoda Cylch a Sir i werthu cŵn poeth, brechdanau, te neu goffi a phob math o fferins a photeli pop i godi arian.

Steddfod Sir ym Mangor oedd hi, a phetha'n mynd yn dda pan redwyd allan o sosejis.

I lawr ag Eirug am Seffwes i nôl dau neu dri tun arall.

Mewn dim roedd y cŵn poeth yn ôl ar y fwydlen ond hwyrach heb gael digon o amser yn y sosban a heb dwmo'n iawn.

"Dio'm ots, fydd cids ddim callach – da ni'n colli sêls," medda Eirug.

"Esgusodwch fi," medda rhyw riant, "ond mae'r hot dog 'ma'n oer".

Fel ergyd o wn dyma ateb, "Hwdwch musus mi gnesith hwn chi," gan basio llond sosar o fwsdad i'r gryduras.

Mi fedrwn fynd ymlaen i sôn am ei antics yn y Genedlaethol - y blydi parot hwnnw mewn caets gwydr, oedd yn gweiddi bob tro yr oedd rhywun yn pashio, er enghraifft. Am ddeg ceiniog byddai'r parot yn dodwy wy, ac yn hwnnw roedd 'na anrheg – un digon giami mae'n wir – ond yn anrheg serch hynny.

Yn Llundain gafodd o'r parot, y fo a'r diweddar annwyl Twm Siwrans yn mynd i lawr i'w nôl.

Yr arferiad fydda i Eirug ddreifio i lawr a Twm ddreifio'n ôl o'r M1. A felly y bu y tro yma, newid dreifars ac Eirug yn ricleinio'n sêt y pasinjar. "Awê Twm, deffra fi yn Bangor." Oriau'n ddiweddarach mi ddeffrodd. "Lle da ni Twm?", ac ar yr un pryd yn gweld arwydd Leeds " Ff— — Hel Twm! Be Ff— ti'n da'n fama?"

"Chdi ddeudodd awê, ac i mi dy ddeffro di'n Bangor."

"Ia ond ti'n Leeds."

"Sleit mus-hap Misdar Wyn, anghofio troi ar yr M6 a to'n i ddim yn licio dy ddeffro di, yli, oedda chdi'n cysgu'n braf."

"Ma'n dda mod i wedi deffro rŵan, ne mi fasa ni di cyrraedd Caeredin."

"Lle uffar ma hwnnw?" medda Twm.

A dyna sut y daeth y parot i'r parthau yma.

Bob hyn a hyn mi fydda Eirug yn cael chwilan neu syniad i'w ben a fydda na thwsu na thagu na fydda rhaid gwyntyllu'r syniad. Un o'r syniadau hyn oedd sefydlu Bargen, cwmni i werthu pob math o nwyddau am brisiau gostyngol.

Rhaid oedd mynd i Fanceinion, i ardal Strangeways i fod yn fanwl gywir, i gyfarfod â gwŷr busnes llwyddianus iawn (yn ôl Eirug) a dynion yr oedd o wedi delio llawer iawn â nhw yn y gorffennol. Ond yn bwysicach na dim mi roedd eu nwyddau'n rhad ac mi roedd posib gwneud bom allan ohonyn nhw.

Bore Sadwrn glawog a'r ddau ohonom mewn warws anferth yn llawn pob math o nialwch, o Hŵfyrs i ddymis. Gŵr o dras Asiaidd o'r enw Achmed rwbath ne'i gilydd oedd y perchennog, a chan nad oedd ei Saesneg yn dda iawn yr unig beth o'n i yn 'i ddallt oedd "Veri gwd bei, Iric." Toedd waeth be y cyffyrdda chi â nhw, yr un oedd y gân.

Ta waeth, y drefn oedd ein bod yn gwneud rhestr fer gan nodi'r pris gofyn, ac yna fynd i'r swyddfa fach flera welso chi 'rioed. Eirug yn isda mewn cadair a finna ar focs o rwbath ne'i gilydd.

"Now dden, Achmed, let's tôc myni."

"Cash, Iric?"

"Ies, Achmed."

"Veri gwd, Iric. Achmed laic cash."

Dyma Eirug ar ei ora, yn mwynhau haglo a thrafod arian, ac yn llwyddo. Daethpwyd i gytundeb, a thalwyd mewn arian sychion – gannoedd o bunnoedd.

Yn Sdeddfod Llanrwst y gwelwyd lansio Bargen, ac i fod yn gwbl onest dyna'r unig ymddangosiad i'r fenter ei gwneud, ond serch hynny fe werthwyd y rhan fwyaf o'r nwyddau a gwneud elw sylweddol, er mawr foddhad i'r partneriaid.

Mae'r rhan fwyaf o bobl wedi clywed am y watsys Cymraeg, ond faint sydd wedi clywed am y rhai Gwyddeleg?

Intyrnásh yn Nulyn ac Eirug wedi gwneud dîl i werthu 1000 o watsys gyda'r sgrifen yn yr iaith Wyddeleg arnynt.

Da iawn, medda chi, ond mi roedd isho mynd â nhw trosodd yno heb orfod talu treth.

Rhannwyd y mil watsys rhwng tua dwsin o'r hogs, a chan eu bod mewn math o 'blister pacs', roedd yn bosib eu rhoi fel staes am eich canol, a felly y bu.

Yng Nghaergybi dyma ddau o Swyddogion y Tollau'n dod ar y bws gan ofyn "*Anything to declare, boys?*"

"*Yes, a thousand watches,*" medda un gŵr (nid anenwog tua'r San Steffan na!)

"*Trying to be funny, lad?*" medda'r swyddog.

Fel y gallech feddwl roedd yr hogs yn chwysu chwartia.

Dyma bawb allan o'r bws a chiwio fel ffwt pasinjars i fynd ar y cwch. Ar ddyletswydd, ac yn martshio hefo'i frest allan fel caneri yn cal gwasgfa, roedd 'na sbeshial cwnstabl hefo het fflat.

Bob tro yr âi hwn heibio mi fydda Eirug yn dechra canu "Hws ddy twat in ddy sdiwpid hat?" ac yn y blaen.

Yn diwadd mi gafodd cap-fflat lond i fol a dyma fo at Eirug gan ofyn "Ecsgiws mi, syr. *Do you want to travel or would you like a night in the cells?*". Distawrwydd.

Y tro nesa i'r cap fflat basho mi oedd Eirug wrthi yn canu Dw Dw Dw Dw Dw DwDw Dw i union yr un dôn.

Tydi hi ddim yn drosedd i Dwdian nagdi? Ac mi wydda Eirug hynny.

Dyma gyrraedd yr Ynys Werdd a phawb yn dadlwytho'r watsys i ddau *hold–all*.

"Rondefw - Royal Dublin Hotel, O'Connell Street, Misdar Ŵan," medda fo, gan roi un o'r *hold-alls* i mi.

"Faint o gloch da ni'n fod i gyfarfod y boi ma, ta?" medda fi

"Un pnawn 'ma."

"O iawn, roith hynny ddigon o amsar i ni fynd am y gêm."

Mi ddôth yn un o'r gloch, ac yn ddau sai'n dwad i hynny, a dim golwg o'r Gwyddal.

"Os gin ti ffor o gal gafal yno fo?" (Roedd hyn cyn amser y ffôn symudol, wrth gwrs).

"O, mi ddoith sdi. Felna ma'r Gwyddelod."

Dim yn unig yr oedda ni'n mynd i golli'r gêm ond mi roedd 'na lot o bres i'w golli hefyd.

Chwarter i dri dyma'r Gwyddal yn cyrraedd, a heb fath o ymddiheuriad am fod yn hwyr, dyma fo'n gofyn, "*Have you got the watches?*"

"*Have you got the cash?*" medda Eirug.

"*Let's go to the toilet*," medda'r Gwyddal.

"No ffycin wê ti'n mynd i'r toilet hefo hwnna. Toes wbod pwy sydd yna'n disgwl," medda fi, dipyn yn amheus o'r Gwyddal.

Yn y diwedd fe gytunwyd i wneud y trosglwyddiad yn lownj y Royal Dublin. Welodd yr un ohonom y gêm achos mi benderfynodd Misdar Wyn mai syniad da fydda cael ychydig o ddiodydd poethion, gan fod y Guinness yn dechra pwyso.

"Ti'n licio coconyt?"

"Yndw."

"Ti'n licio llefrith?"

"Yndw."

"Reit," a dyma fo'n codi i law i ddenu sylw un o'r wetars.

"*Can I help you, sir?*"

"*Indeed you can young man. Can we have two Malibŵ and milk please?*"

"*Certainly, sir.*"

Mewn dim o dro mi odd y wêtar bach yn i ôl hefo dau wydriad o Malibŵ, a dau jwg arian hefo llefrith ynddynt.

Sdwff neis, Malibŵ a llefrith.

Erbyn i weddill y criw ddod yn ôl o'r gêm toedd na fawr o drefn arnan ni, ein tafoda a thop ein cega fel sandpepyr, fel tasa ni wedi bod yn byta pêr drops am bythefnos!

Roedd ceir yn betha agos iawn at i galon o, yn enwedig Jags. Roedd o'n aelod o'r *Jaguar Owners Club* a phob mis mi o'dd yn cael cylchgrawn am y datblygiada diweddara ym myd y Jags. Dim i fod o'n dallt llawer iawn am yr ochr fecanyddol, ond rwystrodd hynny mohono rhag sdripio XJ6 yn racs jibidêrs a'i roi yn ôl wrth ei gilydd. Yn wahanol i'r mwyafrif ohonom a fyddai'n tynnu hyn a thynnu llall, gan obeithio wrth ail osod ein bod yn cofio lle roedd pob dim i fynd. Ond nid Eirug. Mi oedd o yn cofnodi pob dim yn daclus mewn llyfryn bach, fel na fydda yntau fel Wil Bryan.

Mi oedd na gwmni drama yn y Groeslon, a gŵyl ddrama sai'n dod i hynny. Cofio perfformio *Salŵn Sal*, drama fer hefo saith cymeriad ynddi - tair merch salŵn, dau gowboi, sheriff a gweinidog.

Mi oedd petha'n mynd yn dda nes i ni ddod i'r dres rihyrsal, y merched yn eu gwisgoedd salŵn hefo clifej isel a'r cowbois mewn dillad cowbois, yn naturiol, a gwn mewn holsdar gan bob un.

Roedd rhoid gyna dŵr i dri mor wirion â ni yn gamgymeriad mawr. Yn ystod y dres rihyrsal mi oedd y dair merch yn sgwrsio wrth fwrdd bach crwn, gyda'r tri cowboi yn edrych trwy ffenestr fach ar ochr y llwyfan. Roedd y demtasiwn yn ormod.

"Ar ôl tri, hogs," medda Eirug.

Ar y tri dyma dri gwn dŵr yn saethu dŵr oer i glifej un o'r merched.

Sgrech, sgino chi ddim syniad, ond yn ddigrifach na dim dyma'r gynhyrchwraig a oedd wedi gwylltio'n gacwn yn deud: "Os na wnewch chi'ch tri fihafio mi fydda' i'n mynd â'r gynna na oddi arna chi," fel tasa ni'n blant chwech oed.

Fel y basa chi'n disgwyl mewn salŵn roedd yn rhaid wrth chwisgi, neu yn ein hachos ni de oer. Yn ystod y perfformiad roedd cryn yfed ar y te oer, digon i droi stumog neb a deud y gwir.

Daeth y noson fawr a phawb dan ei warning i fihafio, ac i neud ein gora glas. Och a gwae, ar ôl eistedd wrth y bwrdd roedd y merched i yfed llwnc destun, ac yn union ar ôl y llwnc destun roedd un ohonynt i fynegi pa mor dda oedd y chwisgi. Dyma'n targed!

Llwnc destun, distawrwydd, stimia, pesychu, a wedyn trio mwmblan y broliant i'r chwisgi. Da chi'n iawn, *Bells* nît oedd yn y botel, nid te oer, ac mi alla i warantu nad fi newidiodd yr hylif brown o de i chwisgi. Trydydd gawsom ni, allan o dri.

Efertonian mawr fûm i erioed ac eithro cyfnod byr hefo *Man City*, pan oedd Ffredi Pei, cyn reolwr *Nantlle Vale*, yn gyfarwyddwr hefo'r clwb.

Ond fedra i ddim dirnad sut mae dynion yn eu hoed a'u hamser yn medru gwirioni cymaint ar dîm pêl-droed fel ag yr oedd Eirug hefo *Man U*.

Mynd draw i'w weld un noson a John ac Alun yn blerio yn car, a fel oedd hi'n digwydd y gân honno lle ma nhw'n sôn am gasineb tuag at *Man U* oedd ymlaen.

Mi es i mewn yn hymian y gân ac yn ddistaw ganu'r cytgan, gan fynegi cân mor dda oedd hi.

"Ti'n gwbod pwy sgwennodd y gân yna?" medda fo wrtha'i.

"Swn i'm yn meddwl fod o'n gefnogwr brwd iawn o *Man U*," me finna.

"Dyna lle ti'n rong yli, fi sgwennodd hi."

Roedd y wên ar ei wyneb yn dweud y cwbl a chystal â dweud tria eto con.

Mae yna chwithdod mawr acw yn y Groeslon ar ôl colli Eirug. Ac mae un peth yn sicr, ddaw na neb yn agos i allu llenwi'r bwlch aruthrol a adawodd.

EIRUG WYN A *BRINKS MAT*
Brian Owen

PAN OEDD EIRUG WYN yn ŵr busnes, aethom ein dau i Heathrow i nôl cyflenwad o watsus a mân bethau eraill i'w gwerthu. Roedd lladron wedi torri i mewn i warws *Brinks Mat*, yn yr un ardal, y noson cynt gan ddwyn cyflenwad enfawr o aur oddi yno.

Er i ni gyrraedd Llundain yn ddiffwdan collodd Eirug ei ffordd yng nghanol Heathrow, ac wedi mynd rownd a rownd nifer o adeiladau am gryn amser daethom yn y diwedd at gefn adeilad mawr – ac wyneb yn wyneb â phlismon hefo gwn yn ei law! Roedd Eirug wedi gyrru i mewn i gompownd yr heddlu!

"What is your business here, sir?" gofynnodd y glas, gan anelu'r gwn atom.

"We've come to bring back some of the gold," meddai Eirug yn syth, gan gadw wyneb hollol ddifrifol.

"I hope you're joking, sir," atebodd y plismon yn filain iawn, cyn ein hanfon oddi yno.

EIRUG YN HARRODS
Meinir Owen

AETH EIRUG, GWENDA, BRIAN a minnau i Lundain am benwythnos, yn rhannol i brynu manion bethau mewn ffair fusnes, ond yn bennaf i fwynhau ein hunain.

Wedi mynd o amgylch y ffair am dipyn penderfynodd Brian fynd i Ascot i'r rasys ceffylau am y prynhawn, gan ein gadael ni i wneud ein pethau bach ein hunain.

Gan nad oedd Eirug na Gwenda erioed wedi bod yn Harrods dyma benderfynu mynd am dro yno. Gwisgai Eirug siwt streipen ddu a gwyn, ac roedd yn cario bag lledr du (fel un o'r Maffia!) ac roedd yn reit falch ohono'i hun, yn gweld ei hun yn dipyn o foi!

Wedi crwydro trwy'r adran fwyd, a dotio at yr arddangosfa o bysgod, fe gyrhaeddom adran y fferins a'r siocledi. Roedd criw o bobl wedi casglu rownd un cownter ac yn syllu ar siocled blêr iawn yr olwg. Roedd hyn yn ddigon i Eirug, ac meddai, yn Gymraeg, wrth y ferch tu ôl i'r cownter, gan wenu'n ddireidus.

"Esgusodwch fi. Faint y pwys ydi'r cachu yna?"

"Nid cachu mohono, syr," meddai'r ferch tu ôl i'r cownter fel bwled, (mewn acen hyfryd Dolgellau) ac yr un mor ddireidus, "Ond siocled o'r Swistir!"

Roedd ein sgrechfeydd o chwerthin yn llenwi'r adeilad a'n hymadawiad â Harrods yn un sydyn iawn !!!

EIRUG WYN YN Y GROESLON
John Roberts

ROEDD GWAITH YM MÊR esgyrn Eirug Wyn, a phan ddaeth Gwenda ac yntau i fyw i'r Groeslon tua 1977, buan y gwelodd pawb fod ynni newydd wedi cyrraedd.

Roedd Eirug yn fab i weinidog, ac ymaelododd yng nghapel Brynrhos, a bu'n gefnogol iawn i'r Achos yno. Ni ellir dweud ei fod yn Gapelwr o'r Capelwyr, ond yr oedd bob amser wrth law. Os oedd "Sul gwag" a rhywun yn gofyn iddo am gyfraniad, fe geid cyfraniad, a gellid bod yn sicr y byddai'n rhywbeth diddorol; yn fwy na hynny, yn un o sylwedd, nes i ddyn ofyn iddo'i hun, "Sut na feddyliais i am y peth o'r safbwynt yna?" Yr oedd yn selog yn y Gymdeithas, a hir y cofir am ei sgwrs ar Elvis! Nid testun a ddisgwylid i Gymdeithas Capel!!

Ond ei gyfraniad mwyaf, mae'n siŵr, oedd cyfnod Gwenda ac yntau wrth y llyw yn yr Ysgol Sul. Roedd ganddo ddawn arbennig efo plant, a hwythau wrth eu boddau efo fo.

Does dim angen dweud ei fod yn weithgar yn yr ardal hefyd. Bu'n eistedd ar y Cyngor Cymuned, yn aelod o bwyllgor y Neuadd a rhai mudiadau eraill. Eto, ei waith efo'r plant sy'n dod i'r cof, pan oedd yn arwain Adran yr Urdd, a'r plant yn ysu am weld nos Fawrth er mwyn cael hwyl a helynt, a dysgu rhywbeth heb yn wybod iddynt eu hunain.

Ond carwn oedi ychydig mwy efo dau weithgaredd arall, Eisteddfod y Groeslon a'r Ŵyl Ddrama a dyfodd o'r Eisteddfod.

Roedd yr Eisteddfod wedi ei sefydlu ers rhai blynyddoedd, a hynny gyda gradd dda o lwyddiant. Ond cyn llyncu paned o de yn iawn, yr oedd Eirug ar y Pwyllgor. Aeth yn Ysgrifennydd yr Is-bwyllgor Llenyddiaeth yn fuan iawn, a chyn bo hir yn Gadeirydd y Pwyllgor Mawr, ac yna'n Ysgrifennydd am rai blynyddoedd. Ond un diwrnod, dywedodd wrth y Pwyllgor rywbeth a'u siomodd, "...oherwydd pwysau gwaith, rhaid chwilio am rywun arall." Ni chafwyd neb. "Wel, o'r gora. Ond dim ond am flwyddyn, cofiwch. Dim ond tan y Steddfod nesa." Parhaodd y "flwyddyn" honno am dros 900 o ddyddiau!

Bu'n gystadleuydd (llenyddiaeth yn bennaf), yn arweinydd llwyfan, yn gariwr nwyddau, yn osodwr cadeiriau, ac yn yfwr te. Ond ei rôl bwysicaf oedd trefnu'r "Orsedd". Fo oedd yr Archdderwydd a'r Arwyddfardd, ond nid arweinydd y gân! Casglai nifer o ieuenctid i fod yn Osgordd, a phob un ag enw barddol addas. Cofiaf un: Anna o'r Nef (trowch i'r Hen Destament). Byddai'n rhaid cyfarch y bardd buddugol, a synnai pawb at ddawn y bobol ifanc i lunio penillion doniol a chlyfar.

Dyna'r wyneb cyhoeddus. Ond roedd gwedd arall, o olwg y cyhoedd. Daeth dyddiau dyrys yn ariannol i boeni'r Eisteddfod. Dyna pryd y daeth, yn wyrthiol, grant hael oddi wrth Gwmni B.T. Cyd-ddigwyddiad oedd hi bod Eirug yn dipyn o lawiau efo Pennaeth Adran Cysylltiadau'r Cwmni yn y gogledd. Damwain hollol.

Y flwyddyn ddilynol daeth cyfraniadau gan ddau gwmni teledu, ond doedd neb yn cofio i lythyr apêl gael ei anfon atynt chwaith.

Yna datblygodd y gystadleuaeth ddrama i fod yn Ŵyl yn

ei hawl ei hun, ac Eirug yn gefn mawr o'r dechrau. Ffurfiwyd Cwmni Drama Brynrhos a chofir amdano fel y cowboi yn y ffars, *Salŵn Sal*. At hynny, aeth i Ben-y-groes a ffurfio cwmni o bobol ifanc i gyflwyno drama. Ysgrifennodd ddrama ar gyfer cwmni o Lanberis, a bu'n perswadio eraill i ddod i'r Ŵyl.

Bu John Gwilym Jones farw yn 1988, a phenderfynodd y Pwyllgor gyflwyno Tlws er cof amdano, i'w ddal am flwyddyn. Ond beth? Gellid cael cwpan o Birmingham, neu blât o Stoke. Eirug gafodd y weledigaeth, a rhoddwyd comisiwn i Ann Catrin, y gof o Lynllifon, i lunio tlws hardd o haearn – cynnyrch lleol gan grefftwr lleol.

Gwyddai pawb ei fod yn ŵr busnes craff, ond nid oedd neb wedi sylweddoli bod ganddo gysylltiadau efo cwmnïau mawr rhyngwladol. Perswadiodd rai ohonynt i argraffu a chyflenwi holl raglenni'r Ŵyl, i'w rhoi am ddim i'r gynulleidfa. Un amod oedd – bod yn rhaid i enw'r Cwmni fod ar y rhaglen (hysbyseb, mae'n debyg). Felly y daeth un cyflenwad oddi wrth *The Tin-phorthelen Finance Co. Ohio*. Dro arall, rhoddwyd y cyfan gan *Bough-Kwn Corp. Inc.* o Taiwan. A'r cwbl yn cael eu hanfon yn brydlon i Gwynllys, cartref Eirug.

Fe ŵyr pawb am y ddwy flynedd olaf a'i frwydr ryfeddol. Beth oedd yn ei gynnal? Yn ddi-os, y cariad mawr oedd rhyngddo a Gwenda, Dwynwen a Rhiannon, a fu'n gymaint o gefn iddo. A oedd rhywbeth arall? Trefnodd y gwasanaeth angladdol ei hun, a chredaf fod ei ddewis o emynau yn arwyddocaol. Nid dewis tonau canadwy wnaeth Eirug; dyn geiriau oedd o, a geiriau Watcyn Wyn a Bardd y Betws Fawr yn golygu rhywbeth siŵr o fod. Darllenwch y geiriau'n ystyriol pan gewch gyfle:

'Esgyn gyda'r lluoedd … Pan fwyf ar ddiffygio' …
ac yna: 'Mi dafla maich oddi ar fy ngwar' …

Pan gaeodd y llygaid direidus, 25 Ebrill 2004, collodd Cymru lenor dawnus ac ymgyrchydd dygn dros ei hawliau. Collodd y Groeslon gyfaill rhadlon a thriw a gweithiwr dihafal.

Sut mae llenwi ei le?

Seremoni'r Cadeirio, Eisteddfod Y Groeslon, 1996
'Fo oedd yr Archdderwydd a'r Arwyddfardd, ond nid arweinydd y gân!'

COLLI FFRIND A THALU'R DDYLED
Marian Roberts

MAE'R TRISTWCH Y TU HWNT I EIRIAU ar ôl un mor arbennig, nid yn unig i'w deulu, ond i bentref y Groeslon a Chae'r Gors heb sôn am Gymru gyfan. Mi fydd y golled yn aruthrol i minnau hefyd gan fy mod i wedi colli ffrind go iawn.

Fel un o gwsmeriaid Siop y Pentan y deuthum i'w adnabod gyntaf, wrth gwrs. Roedd y siop yn werth ei gweld ac yn denu pobl o bell a'r llyfrau diweddaraf un yno yn boeth o'r wasg, heb sôn am lyfrau ail-law, a'r hen dderyn hwnnw y tu allan yn siarad Cymraeg!

Ond trwy Guto [y diweddar Guto Roberts] mi ddeuthum i adnabod cymeriad oedd yn llawn direidi ac mi fyddai'n siglo chwerthin pan fyddai'n adrodd hanes Eirug yn rhyw ffair yn Birmingham – roedd o yno efo un ai Gwasg Dwyfor neu Gyhoeddiadau Mei i brynu pethau i'w hailwerthu, ac roedd yna ryw bump neu chwech o griw i gyd. Yno y prynai Eirug y watsys Cymraeg o Hong Kong a ballu, i'w gwerthu yn yr Eisteddfod.

Wedyn mi wahoddwyd Eirug i Garreg Boeth i fod ar bwyllgor Apêl Saunders Lewis, ac Eirug yn Drysorydd. Agoriad llygad i mi oedd gweld ei lyfr cyfrifon. Roedd yn eithriadol o daclus. Perffaith. Roedd yn amlwg ei fod yn ddyn busnes go iawn. Ond ar ben hynny roedd yn fwrlwm o syniadau ac roedd ganddo ddiddordeb ysol mewn llenyddiaeth Gymraeg. Fo awgrymodd ein bod yn trefnu Arwerthiant Llawysgrifau a fo a drefnodd y cwbl, a hynny

'Roedd yn fwrlwm o syniadau ac roedd ganddo ddiddordeb ysol mewn llenyddiaeth Gymraeg'

yng Nglynllifon. Roedd wedi sicrhau rhai cannoedd o bunnau cyn mynd i'r arwerthiant trwy gael Llyfrgell Genedlaethol Cymru ac eraill i gynnig am rai o'r eitemau.

Cymerodd ddiddordeb mawr yng Nghae'r Gors a dod yn aelod o'r pwyllgor. Roedd ei syniadau yn byrlymu a byddai ganddo sylwadau bachog. Yn y cyfamser mi fu'n rhaid i Eirug oherwydd amgylchiadau ariannol arallgyfeirio, ac mi lwyddodd yn eithriadol a thu hwnt i bob gobaith.

Daeth y tu hwnt o brysur. Ond nid yn rhy brysur i rai pethau. Pan oedd Guto yn yr ysbyty mi wnaeth Eirug fynnu mynd â mi'r holl ffordd i Clatterbridge i edrych amdano, nid yn ein cerbyd ni, ond yn ei gerbyd ef ei hun.

A hynny ddwywaith. Wnaf i byth anghofio ei garedigrwydd a'i feddylgarwch.

Pan oedd Guto'n wael, nid anghofiaf byth y pwyllgor hwnnw a gawsom yma ym mis Tachwedd 1998, a'r diwedd yn agosáu, pan oedd angen gweithredu ar ryw 5 o wahanol eitemau, ac Eirug yn dweud ar ôl pob un: "Mi wnaf i hwnna." Yn y Cyfarfod Blynyddol mi wirfoddolodd i fod yn Ysgrifennydd yn lle Guto. Roedd hyn yn hwb mawr i'r achos er mor brysur ydoedd Eirug.

Rhyw bethau fel hyn sy'n mynd trwy fy meddwl, ac rwyf eisiau cael dweud cymaint o feddwl ohono sydd gennyf, heb grybwyll ei ymroddiad i'r *Faner Newydd*, sydd mor bwysig, a'r holl lyfrau a ysgrifennodd mewn cyfnod mor fyr. Braint fawr oedd cael ei adnabod. Ac mae fy nyled iddo yn ddifesur.

AMRYWIOL
'Man U. a'r Kama Sutra'

Hola!

Pleser mawr yw yfed sangria;
Neu boteli o Rioja;
Y gwyliau hwn
anghofiais dipls,
Ac ymroi i sbio ar nipls.

E.W. (M.E.P.)
Waunfawr.

ANNO GÔTO
Y GOAT
LLANWNDA
CAERNARFON
GWYNEDD
CYMRU U.K.

CARDIAU POST ANNO GÔTO
Meilir Owen

"Peint o Ginis plîs!"

"Â chroeso," meddai Ann. Ac wrth aros i'r Ginis setlo, dyma hi'n estyn cerdyn post o du ôl i'r optics.

"Yli be gyrhaeddodd bora 'ma," medda hi, wrth estyn y cerdyn dros y bar i mi.

"Sgin i ddim sbecdol," atebais innau. Tynnodd Ann ei sbecdol oedd yn hongian rownd ei gwddw.

"Tria rhain."

Doedd dim angen sbecdol i wybod beth oedd y cerdyn, oherwydd roedd o'n ddigwyddiad cyson pan fyddai'r Wyniaid ar eu gwyliau. Cardiau di-chwaeth fel arfer efo

Meirion, Meilir, Gwyn ac Eirug. 'Rhai o griw y Goat yn mwynhau peint cyn gêm'

rhyw sylw yn cymharu selogion y Goat efo pwy bynnag neu beth bynnag oedd yn y llun.

Weithiau fe gyrhaeddai dau neu dri mewn wythnos, ac ar un o'r wythnosau hynny roedd Ann wrth y drws ffrynt pan gyrhaeddodd y postmon efo'r ail neu drydydd cerdyn.

"Dew Ann, hwn ydi'r ail yr wsnos yma," meddai hwnnw.

"Ia. Eirug Wyn ydi o wsti," meddai Ann fel eglurhad.

"Be? Y ff____ Welsh Nash yna o Waunfawr?" meddai'r postman, a neidio i mewn i'r fan cyn i neb gael siawns i'w gywiro.

Dau beth fyddai'n dod ag Eirug a mi at ein gilydd – ffwtbol a'r Goat. Does ryfedd felly mai dim ond atgofion hapus a hwyliog sy gen i ohono.

"Y WIWER, GELERT A'R JAGIWAR..."
John Ogwen

BODAU PRIN YDYNT, y bobol hynny y byddwch yn teimlo'n well dim ond ar ôl bod yn eu cwmni am bum munud. I mi, un felly oedd y Bonwr Eirug Wyn. Wrth gwrs, yr oedd rheidrwydd gofalu, pan oeddech yn cyfarfod Eirug, eich bod yn sefyll ar *ddwy* goes gan y byddai'n debygol o fod yn tynnu o leiaf un ohonynt! Ni fu erioed gwell tynnwr coes na fo.

A minnau'n ysgrifennu hyn o eiriau er cof amdano fe ddaeth drwy'r post y copi cyfredol o'r *Faner Newydd*. Eirug a'm perswadiodd i danysgrifio. Ar yr amlen, fel ar y rhifyn cyntaf a dderbyniais, y mae o flaen fy enw y ddau air 'Y Referand'! Daw hynny â gwên i'm gwyneb bob tro y daw y cylchgrawn. Gyda gwên y cofiaf am Eirug hefyd.

Bu'r ddau ohonom am gyfnod yn cydysgrifennu cyfres gomedi radio, *Jones & Jones*, ond am ein bod yn ei chael hi'n anodd trefnu amser i gyfarfod i gydysgrifennu, dyma gytuno ysgrifennu pennod bob yn ail. Un bore yr oedd y ddau ohonom yn trafod y sgript ar y ffôn pan regais yn uchel ar ganol brawddeg. Esboniais i Eirug mai dwy wiwer lwyd oedd newydd fynd heibio'r ffenest. Yr oedd yn gyfnod pan wnâi y llygod mawr cynffonllyd hynny lanast o'r coed cyll wrth y tŷ. Chymerodd o fawr o sylw ar wahân i roi chwerthiniad fer. Diweddodd y sgwrs gydag addewid y byddai yn postio ei sgript i mi, fel y byddwn yn ei derbyn y bore wedyn.

Yr adeg honno byddai'r postman yn cyrraedd acw yn bur fuan – tua saith. Y bore wedyn hwnnw dyma glywed cloch y drws yn canu'n hir ac yn uchel. Stryffaglais i godi ac agor y drws cyn gynted ag y medrwn. Ymddiheurodd y postman am fy neffro ond yr oedd rhaid talu pris cludiad llawn yr amlen fawr oedd ganddo yn ei law cyn y gallai ei rhoi i mi. Stamp ceiniog yn unig – a hwnnw ar ei ben i lawr – oedd arni!

Bu'n rhaid i mi fynd yn ôl i'r llofft i chwilota am dri deg saith ceiniog arall cyn y gallwn gael fy nwylo ar sgript Mr Wyn. Cyn gadael dyma'r postman yn gofyn, "Ers pryd yda chi wedi newid enw'r tŷ?" "Dyda ni ddim," medda finna, "'Maes y Coed' ydi'r enw o hyd." "O," meddai yntau, a ffwrdd â fo yn ei fan. Edrychais ar yr amlen. Dyma oedd arni:

Y Br. John Ogwen,
Squirrel View,
Ffordd Treborth,
Bangor.

Roedd y sgript tu mewn iddi, yn ôl yr arfer, yn werth ei darllen.

Buom yn cydysgrifennu ffilm hefyd. Ysywaeth, ni welodd honno olau sgrin, ond cawsom oriau o bleser yn ei chreu. Yn stydi Eirug yn 'Gwynllys' y gwnaed y rhan fwyaf o'r gwaith ac yn gwarchod yr ystafell honno yr oedd Gelert. Rŵan, doedd o fawr o beth i gyd, a hyd y gwn i laddodd o yr un blaidd erioed, ond yr oedd gan lu o bobl achos i gofio'i ddannedd! Wrth gwrs, yr oedd Eirug wedi rhestru nifer o enwogion y genedl a ddioddefodd ymosodiadau sydyn a dirybudd yr anghenfil bychan, a hynny gyda gwên ar ei wyneb a gor-falchder dealladwy yn ei lais. Paratoais fy hun am ein cyfarfyddiad cyntaf drwy fynd â thamaid blasus pwrpasol yn fy mhoced. A bwnshiad o flodau i Gwenda!

Am fy mod yn hoff iawn o gŵn, ac oherwydd presenoldeb y 'tamaid blasus', cefais groeso gwell na'r disgwyl gan Gel. Yn wir, ddaru o ddim chwyrnu fawr, a buan iawn y gwnaeth ei hun yn gyfforddus ar fy siwmper. Yr unig gi yn y byd efo siârs yn Telecom Prydain! Roedd gan yntau, fel ei feistr, dro hyfryd yn ei gynffon.

Câi Eirug a minnau sgwrs ar bob pwnc dan haul y greadigaeth, ond yn amlach na pheidio byddai'n diweddu yn drafodaeth ar ffwtbol. Yr oedd ganddo ddau docyn tymor i Old Trafford a bûm yno sawl gwaith efo fo. Tocyn Rhiannon – Miss Wyn – fyddau f'un i a byddai'n fy siarsio, petai rhywun yn fy holi parthed fy rhywogaeth, i ddweud fy mod wedi troi'n ddyn rhyw deirawr cyn y gêm. A minnau'n gefnogwr Everton awgrymai y dylwn weithiau fynd i weld tîm go iawn! Arsenal oedd y gwrthwynebwyr yn y gêm gyntaf a welais yn ei gwmni. Ychydig eiliadau cyn dechrau'r gêm dyma fo'n troi ata i a dweud, "A bendith Dduw iti, paid â chlapio diawl o ddim os sgorith Arsenal!"

Ac yntau'n dioddef o'i salwch, heb wybod amser hynny beth oedd yn ei achosi, aethom ein dau i fyny i Manceinion. Gwrthododd fy nghynnig i ddreifio achos yr oedd am i mi gael mynd yn y Jaguar. Yr oedd ganddo feddwl y byd o'r car. Yr oedd ei ddiddordeb mewn ceir yn syndod i mi. Wn i ddim pam y synnwn, o gofio bod ganddo ddiddordeb mewn cymaint o bethau.

Câi drafferth i gerdded y noson honno a dyma benderfynu y byddai cael mynd i fyny drillawr yn Lifft y Bobol Bwysig yn fuddiol. Ond wnâi gofyn yn syml am gael gwneud hynny mo'r tro i Eirug. Bu'n rhaid i mi fynd at y dyn lifrai a dweud fod fy nhad, (Eirug!), wedi cael cwlwm chwithig hegar wrth chwarae gêm pump-bob-ochor y pnawn hwnnw, fod y llawfeddyg am iddo aros yn yr ysbyty ond nad oedd am golli'r gêm am bris yn y byd. Trwy'r araith safai Eirug yn ochneidio'n druenus o uchel a'i law yn pwyso ar f'ysgwydd! Wn i ddim faint goeliodd y dyn o'r stori ond cawsom fynd yn ei lifft. A bu chwerthin mawr ar ôl cyrraedd ein seti.

Y tu ôl i'r tynnu coes, o dan y diawledigrwydd, a heibio'r dychanwr deifiol, yr oedd bob amser yr hen foi iawn, y ffrind da, y cymwynaswr diflino. Fel llu o bobl eraill rwy'n gweld ei golli.

Gelert Llewelyn Wyn

'Roedd ganddo feddwl y byd o'r car'

CLAMP O WYLIAU
Lis Jones

AR WYLIA YN NE FFRAINC efo Eirug a Gwenda a'r genod oeddan ni pan benderfyno ni "bicio" i Barcelona am dro. Doedd unman yn bell i Eirug. Ddiwrnod neu ddau ynghynt roeddem wedi bod yn Andorra, wedi iddo ddweud nad oedd y wlad fach honno "ond i fyny'r lôn".

Ar y ffordd yn ôl o Barcelona mi feddylion ni y bysa tro i'r traeth yn fendithiol. Parciodd Eirug ger y traeth mewn pentref bach yn Sbaen, a pharciodd Jôs (y gŵr) ychydig ymhellach yn ôl, ynghanol y pentref. Wedi treulio awr neu ddwy digon dymunol ar y traeth, dyma ddychwelyd i'r ceir.

Gwaetha'r modd, roedd ein car ni wedi ei barcio lle na ddylai fod, ac ar un olwyn roedd clamp mawr melyn. Ar y ffenest roedd nodyn, yn Sbaeneg wrth gwrs, ac arno rif i'w ffonio.

I ffwrdd â'r dynion i chwilio am ffôn (cyn ddyddiau'r mobeil) i geisio dal pen rheswm efo plismon nad oedd yn siarad dim ond Sbaeneg. Prin iawn iawn oedd Sbaeneg y ddau Gymro!

Yn digwydd bod roedd y car wedi ei barcio reit tu allan i gaffi, felly tra oedd y dynion yn brysur efo'r car roedd Gwenda a'r pum plentyn a finna wedi bod yn ymlacio yn y caffi. Yn y caffi hefyd roedd llond bws o Almaenwyr swnllyd, oedd wedi sylwi ar yr hyn oedd yn digwydd.

Bu cryn dipyn o fynd nôl a mlaen i'r ffôn, o duchan, pendroni a thrafod, ac Eirug ar ei orau yn chwarae i'r gynulleidfa yn y caffi.

O'r diwedd, gyda chymorth perchennog y caffi, tynnwyd y clamp – wedi i Jôs roi siec go sylweddol i'r plismon.

Pan dynnwyd y clamp daeth bonllef a churo dwylo mawr o du'r Almaenwyr. Moesymgrymodd Eirug fel tasa fo ar lwyfan.

"Iawn ta, gewch chi dalu am yr adloniant rŵan, y diawled," medda fo, gan afael ym mhwced glan y môr un o'r plant. I mewn i'r caffi â fo i wneud casgliad, a llwyddodd i gasglu digon i dalu'r ddirwy!

Mi glywodd yr Almaenwyr ddigon o Gymraeg wrth iddyn nhw roi eu cyfraniad yn y bwced – pethau nad ydynt yn weddus i'w cynnwys mewn cyfrol barchus fel hon!

YNCL EIRUG – Y DYN DEUD STORIS
Dyfrig Jones

BYD DIRGEL OEDD BYD OEDOLION i mi pan o'n i'n blentyn. Clwb cyfrinachol oedd yn cyfarfod bob Steddfod, neu bob gwylia yn Ffrainc, yn ymgynnull tu ôl i ddrysau caeedig carafanau. Mi fyddan ni'r plant yn rhan o'r hwyl am ryw gyfnod, yn cael canu a pherfformio wrth i'r rhieni gael y llymaid cynta. Ond, yn ein gŵydd ni, rhieni ac oedolion oedda nhw, ac mi roedd rhaid cadw'r mwgwd yn ei le. Ar ôl gormod o win roedd y mwgwd yn llithro a ninna'n cael ein hel i ffwrdd, gan y rhan fwya o'r oedolion. Ond dim gen 'Yncl' Eirug. Y fo fydda'n dadla'n hachos ni, yn cadw cefna'r plant, yn ennill rhyw bum munud bach ychwanegol i ni. A phan oedd yr erfyn a'r swnian wedi stopio gweithio, pan oedda ni'n cael ein halltudio o'r diwedd, mi fyddan ni'n gobeithio mai Eirug fyddai'n cael ei yrru ata ni, i neud yn siŵr ein bod ni yn ein gwelyau, 'di llnau'n dannadd, a'n bod ni ddim yn cambihafio.

Fel llenor y caiff Eirug ei gofio gan y rhan fwya o Gymry, mae'n siŵr, gan mai dyna aeth â'r rhan fwya o'i amsar o dros y blynyddoedd dwytha. Ond i'r plant a dyfodd i fyny yn ei gwmni mi oedd Eirug yn ddyn deud storis o'r cychwyn. Tasa gynno ni Fedal Ryddiaith i'w chynnig pan oedda ni'n bump oed, Eirug fysa wedi'i chael hi, yn ddiamheuaeth, am hanes y mwnci oedd yn methu stopio rhechan! Mi oedd yr hogyn bach drwg o Ddeiniolen yn mwynhau deud storis cymaint ag oedden ni'n mwynhau eu clywed nhw. Ac wrth i ni i gyd dyfu'n hŷn, nath Eirug erioed golli nabod ar yr hogyn bach hwnnw.

Dyfrig Jones yn cael hanes y mwnci oedd yn methu stopio rhechan!

Y DYN GORAU'N Y BYD
Eirug Wyn

(Un o'r llu plant oedd yn addoli Eirug oedd Lowri Jones o Fangor - fu'n actio'r brif ran yn y gyfres deledu 'Jini Mê- mae'r gerdd yn seiliedig ar ateb Lowri i dynnu coes Eirug).

Roedd 'na ddyn o Lan Brolio yn dweud o hyd
Mai fo, a neb arall, oedd y Dyn Gorau'n y Byd!
Roedd o'n siarad â'r plant fesul un ac un,
Ac yn gwneud dim byd dim ond 'i frolio fo'i hun!
Ac ar fy ngwir, fe gâi plant pob stryd
Hwyl a sbri hefo'r Dyn Gorau'n y Byd.

Pan oedd o yn ifanc, lle drwg oedd y byd,
A bu'n glawio a glawio nes ei foddi i gyd.
Ond gan mai fo, a neb arall, go iawn oedd y gora'
Fe gafodd o ambarél i eistedd ar ben Arch Noa!
Felly peidiwch â gwrando ar bobol o hyd,
Y fo, a neb arall, ydi'r Dyn Gorau'n y Byd.

Fe aeth o i'r Amerig i gael cartref gwell,
A bu'n byw gyda'r cowbois yn y Gorllewin pell.
Fe fwynhaodd ei hun a chafodd amser bril
Hefo Billy the Kid, a Buffalo Bill,
Ac maen nhw'n dal i ddweud yn yr Amerig o hyd
Mai fo, a neb arall, ydi'r Dyn Gorau'n y Byd.

Mae o'n gyfaill i bawb yng Nghymru lân,
Joshua Jones, Superted a Sam Tân,
Mae o'n nabod pob seren a phob cymêr,
Pob doli, pob tegan a phob tedi bêr
Ac mi ddwedodd un dydd yn ddiniwed i gyd,
"Jini Mê! Y fi ydi'r Dyn Gorau'n y Byd!"

"O Na!" meddai Jini, gan newid ei lliw,
"Dynion Gorau'r Byd ydi Dad, a Duw!"
Fedrai o ddweud dim byd, a wyddoch chi be?
Doedd ganddo fo ddim ateb i Jini Mê!
A byddai'n dweud wedi hynny, wrth ei gweld ar y stryd
"Ar ôl Duw a dy dad, fi 'di'r Dyn Gorau'n y Byd!"

LLUN YN LLANELLI
Arwyn Roberts

Mi roeddwn i wedi mynd i Eisteddfod Genedlaethol Llanelli, 2000 i dynnu lluniau ar gyfer Papurau'r Herald, ac yn aros yng Ngwesty'r Strade Park am yr wythnos. Roedd Eirug a Gwenda yn aros yno hefyd, a byddem yn siŵr o daro ar ein gilydd am sgwrs yn y bar gyda'r nos.

Dyna'r flwyddyn gyntaf i mi ddefnyddio camera digidol i dynnu lluniau yn yr Eisteddfod, datblygiad oedd yn golygu fy mod yn medru tynnu llun, a'i yrru'n syth bin i Gaernarfon i gael ei osod a'i argraffu. Oherwydd hynny mi fues i'n plagio awdurdodau'r Eisteddfod ar y pnawn Dydd Mawrth i ddweud wrtha i a oedd na wobrwyo i fod yng nghystadleuaeth y Fedal Ryddiaith y diwrnod canlynol, ac i gadarnhau wrtha i a oedd yr enillydd yn dod o'r Gogledd ai peidio. Pwrpas hynny oedd rhoi cyfle i mi ofyn i'r Golygydd gadw rhan o'r dudalen flaen yn rhydd ar gyfer llun yr enillydd. Ond toedd swyddogion yr Eisteddfod ddim yn fodlon awgrymu unrhyw beth, y naill ffordd na'r llall.

Tros beint y noson honno dyma finnai'n deud yr hanes wrth Eirug, ac yntau'n gwrando'n astud arnaf, ac yn cydymdeimlo hefo fi. Yna, heb unrhyw ffys na ffwdan dyma fo'n deud wrtha'i:

"Yli, mi wena i arnat ti'n syth".

Ddeudodd o ddim mwy na hynny, a thorrodd o ddim un rheol, ond mi wyddwn y medrwn i ffonio'r Golygydd drannoeth i ddweud wrtho am ddal y dudalen flaen ar gyfer llun enillydd y Fedal Ryddiaith.

Yn y Pafiliwn y pnawn wedyn cododd Eirug ar ei draed ar sain y Corn Gwlad, a'r munud y 'steddodd yn ei gadair i gael ei urddo mi drôdd ata 'i a gwenu'n llydan i lygad y camera. Mi roedd y llun hwnnw wedi cyrraedd y wasg cyn i Eirug adael y llwyfan, a'r papur ar werth ar strydoedd Caernarfon ben bore wedyn.

"Mi wena i arnat ti yn syth"

Y PRIF LENOR
Nia Wyn Roberts

"Cofia, pan fyddi di'n ca'l cyfweliada am fod yn sgwennwr enwog, dw i ishio i chdi ddechrau bob un drwy ddeud – 'Hoffwn ddiolch yn bennaf i'r Prif Lenor Eirug Wyn'…". Dyna oedd ateb Eirug pan ddudish i unwaith mod i'n teimlo'n euog am fyta mewn i'w amser o drwy ofyn iddo ga'l golwg ar ddrama newydd o'n i wedi'i sgwennu.

Ddechreuish i sgwennu tra o'n i'n y coleg yn Aberystwyth, a doth Eirug i lawr un tro i weld Rhiannon ei ferch. Dechreuodd y ddau ohonom siarad, a finna yn deud mod i 'di ca'l *writers block* a mod i ddim yn gweld llawer o bwynt cario mlaen efo'r ddrama o'n i'n 'i chanol. Wedi hir drafod mi ddudodd Eirug wrtha i am anfon y sgript ato fo, er mwyn iddo ga'l bwrw golwg drosti. A dyna fan cychwyn ein perthynas.

Dwi'm yn meddwl faswn i 'di ca'l y byg sgwennu oni bai amdano fo. Dim gor-ddeud ydw i, jyst deud y gwir. Drwy ga'l 'i help, a'i ddyfalbarhad a'i ffydd o yndda i, mi nesh i fagu lot fawr o hyder. Doedd gweithio ar sgriptiau efo Eirug byth yn waith caled. Roedd ei hiwmor di-ben-draw a'i natur addfwyn yn golygu fod rhoi pin ar bapur yn bleser yn hytrach nag yn fwrn. Ac hyd yn oed pan o'n i'n sgwennu rwtsh, ac Eirug yn tynnu fy nghoes i a gwneud hwyl am fy mhen, doedd o byth yn 'i feddwl o'n gas. Dyna oedd 'i ffordd o o roi hwb bach arall i fi.

Ma' sgwennu'n gallu bod yn waith unig, ond o'dd Eirug wastad ben arall y ffôn, neu ar yr e-bost os o'n i angan trafod.

Yn dilyn 'i gefnogaeth o mae sgwennu wedi dod yn rhan bwysig o mywyd i, gan fy mod i'n parhau i 'sgwennu dramâu ac hefyd yn golygu sgriptiau ar gyfer Pobol y Cwm. Dwi'm yn ama 'i fod o wastad wedi bod yn fy ngwaed i i 'sgwennu, ond fod yr hen Eirug 'di rhoi cic fyny nhin i i mi neud rwbath amdano fo! "Bach o ffydd ti isho a fyddi di'n iawn," – dyna ddudodd o, ac oedd, mi oedd o'n iawn! Mae nyled i'n enfawr iddo fo a dwi'n edrych ymlaen yn arw at y cyfweliad cyntaf hwnnw pan ga i'r cyfla i ddeud diolch 'i'r Prif Lenor Eirug Wyn'.

Y Fedal Ryddiaith a'r copi cyntaf o 'Blodyn Tatws'

"TYD ADRA, FAMA 'DI DY LE DI!"
Manon Llwyd

DYMA FI YN ÔL YN dair ar ddeg mlwydd oed, a newydd symud i fyw i Gaernarfon. Ma gen i lu o deulu o nghwmpas ac un ffrind newydd gwerth chweil, Gwenllian, sgin joban dydd Sadwrn yn gweithio i'r boi 'ma yn Siop y Pentan, yn *Market Hall*. Ma gin i acen Fflintaidd a dwi'm cweit wedi deall y sens of hiwmor mae'n rhaid ei gael i fyw yn y dre!

Rai misoedd wedyn, wrth gerdded i lawr 'Stryd Dan Cloc' ynghanol bwrlwm dydd Sadwrn, tynnwyd fy sylw at ddigwyddiad go ryfedd yn ffenestr un o'r siopa... dyna lle'r oedd bos Gwenllian yn stryglo hefo model wacs wedi ei gwisgo mewn gwisg Gymreig, a Gwenllian tu ôl iddo yn gwneud arwydd arna i ddod i mewn i'r siop. I mewn â fi i gael busnesu, ac yn y cefn, wrth ymyl desg *Yr Herald*, roedd yna doman o lyfrau Cymraeg ail law. Digwyddais godi un o lyfrau T.H. Parry Williams pan glywais lais yn gweiddi dros y siop,

"Ti'm ishio darllen y crap yna. Hwn di'r boi".

Daliai perchennog y llais gopi o un o gyfrolau Derec Tomos yn ei law, a dyma pryd a sut nesh i gyfarfod Eirug Wyn!

Trwy flynyddoedd fy arddegau cefais ddod i adnabod y person rhyfeddol 'ma oedd yn hollol ddigywilydd yn ei allu i daro ambell i rech pan ddeuai pobol bwysig i mewn i'r siop, gan ddal i rythu yn eu hwynebau pan ddeuent at y til – fel tasa dim o'i le.

"'Swn i di lecio bod fel Elvis, sdi. Gin i gythral o lais da ond ches i jest mo'n sbotio yn yr Ysgol Sul... Gwranda..."

Canodd ar dop ei lais, dros y siop, gan godi llaw ar ei gwsmeriaid 'run pryd.

Ac ar ôl i ni orffen chwerthin, dyna pa bryd y cawsom ein sgwrs gyntaf am gerddoriaeth, ac fe gytunodd i sgwennu geiriau i un o'm caneuon ar gyfer cystadleuaeth 'Carol Ni' gan y BBC. Wrth ddarllen geiriau fel,

> *Fe siglwn ni ei grud cyn ei groeshoelio,*
> *a pharchus gofio,*
> *am enedigaeth ddrud.*

Roedd y darlun o Eirug yn cymlethu a dwysau. Enillodd y gân.

"Un o fy mreuddwydion mawr i ydi cael ennill Cân i Gymru," medda Eirug wrth swingio oddi ar lintal drws y siop rhyw fore Sadwrn." Ai'd bî y hapi man, laic!"

Dywedais wrtho fod gen i syniad am diwn. "Sa chdi'n rhoi *la las* bach ar dâp i mi," medda ynta, "a na'i drio gweld be ddaw."

Enillodd 'Cân Wini' gystadleuaeth Cân i Gymru yn 1988 ac ennill yn yr Ŵyl Ban-Geltaidd yn Iwerddon hefyd – a chawsom drip a hannar!!!

Buom yn cydweithio'n dawel dros flynyddoedd, mewn gwledydd pell ac agos. Fi yn rhoi *la las* ar dâp ac Eirug yn cyfansoddi perlau hawdd i'w dehongli. Eirug dro arall yn anfon cerdd newydd ata'i ac yn dweud "os di'r rhain yn da i rywbeth gei di'r go cyntaf, ond os nad ydyn nhw.....stwffia nhw i fyny tin dy dedi bêr!!"

Y gwir amdani ydi fod geiriau Eirug yn dod â'u halawon hefo nhw, yn odidog felancolaidd neu dro arall yn ysgafn a digri! Cefais bleser a braint yn gweithio ar gryno ddisg o'i waith.

Bu Eirug yn gefn mawr i mi pan oeddwn yn y coleg ym Manceinion, bob amser yn barod i roi cyngor doeth a doniol. Pan ddywedais wrtho unwaith fy mod i wedi breuddwydio un freuddwyd yn gyfangwbwl yn Saesneg, aeth yn gwbwl dawel a rhythu arna i.

"Ai thinc its abowt taim iw cêm hôm tw lif, laic! Tyd adra! Fama 'di dy le di!

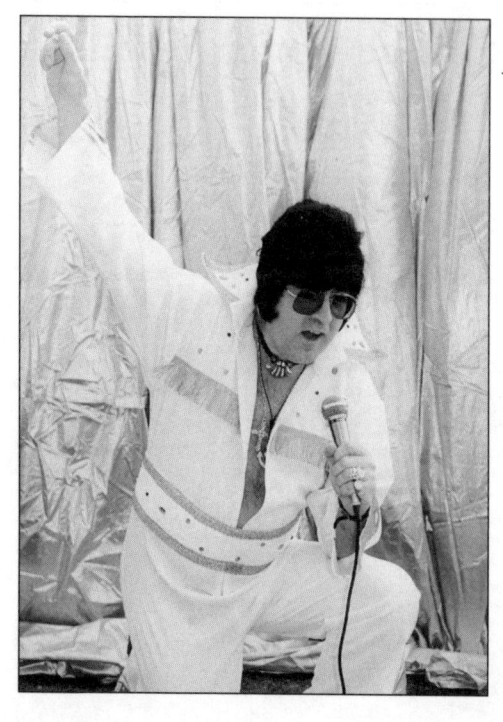

'Swn i di lecio bod fel Elvis'

CYFRES O LYTHYRAU
Manon Rhys

1. Postiwyd y llythyr cyntaf ataf o Ddulyn, a chafodd ei deipio ar bapur swyddogol Coleg y Drindod. Dim ond wrth ddarllen yr enw ar waelod y llythyr y sylweddolais pwy oedd wedi ei yrru ataf!

Trinity College Library Dublin

University of Dublin

March 20th, 1998

Attention of:-

Manon Rhys,
3 Plasturton Avenue,
Canton,
Cardiff.

Dear Mrs Rhys,

Trinity College Library is building up it's collection of Celtic Languages' fine erotica first editions, and to date we have on our shelves nearly 2000 titles.

We note, however, for some reason that there does not seem to be a Welsh translation of the *Kama Sutra*, and having entered exploratory discussions with Gwasg Gregynog, your name was mentioned as a possible translator. This would be a sister volume to *Chama Shutrah* (Irish); *Cama Sutraa* (Gaelic), and *Chama Droste* (Breton).

Should you be interested in this project, could you please in the first instance, contact me at the address below, or give me a call sometime.

Yours faithfully,

Aireagh O'Weane ALA FRSA
(Assistant Librarian)

Trinity College Library College Street Dublin 2 Ireland
Telephone (+353 1) 677 2941 Telex 93782 Fax (+353 1) 671 9003
Librarian: W. G. Simpson, MA, ALA, FRSA

2. Mae'r llythyron eraill yn deillio o'r cyfnod pan fues i'n ffilmio'r rhaglen *Portread* yn y Rhondda, gyda Vaughan Hughes ac Eirug. Defnyddiwyd 'clip' o ddefaid ar y rhaglen, a llwyddais i berswadio 'Mrs. Mary Lamb' o'r Rhondda i yrru llythyr at y cynhyrchwyr yn cwyno am hyn. Cafwyd ymateb gan y *Bangy School of Dialects*.

99, Balaclava St.,
Trealaw,
Rhondda.
Oct. 25th

Dear Sir or Madam,

Its disgusted i am avin watched youre late program (good it was too and very interesting if you likes that sort of thing Welsh i mean) on that nice little girl from the big ouse down the road oposit the Cem. I knew her well when she was little pleasant family they were the children always polite well dressed an always talkin Welsh they were. Nice i never did myself but my granchildren do go to the Welsh school they do.

But its disgusted i am about them sheep you showed. Them sheep you showed on youre late program were never Rhondda sheep. My freind Muriel from up Cairo St an my sister Shirley from down Nile Rd and also my brother in low from Trebanog we do all agree they were never Rhondda sheep those. And lots of peple do agree with us an all. Bein Rhondda born an bread (i new Lord Tonypandy well a real gentlman e was we called im George we did e was good to is Mam a credit e was to us all) Wel about them sheep pity it was you ad too show them spoilt a good program it did and evryone do agree with me. Real Rhondda sheep would ave et them puky littl sheep you showed alive they would you mark my words. An real Rhondda sheep dont wander round the streets no more the gratins cros the roads ave stopped all that there feet go throu the gratins they do so they dont try an cros them any more but stay up on the mountain where they belong the clever litle bugers. We do never see sheep down by ere no mor pity realy but a sing of the times mabe. We do ave to move with them mors the pity an the sheep to come to that.

Wel i do leave you now with kind regards an opin that you don mind a far leter like this an that you never try to pul the wul over us Rhondda folks ayes agein.

Youres faithfuly,

Mary Lamb. (Mrs)

Ps. I wood like to be rememberd too that nice little girl whos program it was.
Got youre names an adres from off the program i did, but dont now if you are mr mrs or miss.

175

Bangy School of Welsh Dialects
Ram Horn House, Ewe Rd. Bangor (Ay) LLO 1ACH (01248) 999999 / 999999

Mrs Mary Lamb,
99 Balaclava St.
Trealaw,
Rhondda

Octobuh 29th

Deauh Musus Lam,

Yor lettyr wos passd on tw uss ay, bai a Carnarfon Cuhmpani hw coulduhnt understand wot it said, ay. Very ffortuhnately ffor uhs we have a Rhondda woman (called Carys Pugh) who wuhrks with us, ay, so she could undersdand the jist of iwar lettuh. The Caernarfon people wonts us to replai, ay.

Bout them sheeps, ay. Havin made detailed enquires we understand that the sheep were of a pedigree stock, now owned by Mr Willium Morgans of Llanffestiniog. The sheep what was on the lefft crossing the road with her lamb was called Trebanos Lil, and wos a direct desendant of Rhondda Meg (1934 - 1939) whw wos crossed with Parc Nest Rambo and produced Legless Galore(1937), Shaggy Mim(1938), and Woolly Minge(1939).

Woolly Minge ay, was deported to Ffestiniog ffor peeking at mens peckers in Rhondda urinals, so the mekkers of thi program thoght it appropriete to use some of her descendants ffor the actual prudukktion.

Ai hope ay, that ddis clears the matters arising,

Yours very faithwoolly,

Dr Derecus Pallus Morgan
(Direktor of Ethnic Minority(Sheep) Dept.

3. Gan na chafwyd ateb boddhaol i gŵyn Mrs. Mary Lamb llwyddais wedyn i berswadio Mr William Morgan, o ardal Ffestiniog, ysgrifennu at y cwmni cynhyrchu i gwyno eu bod wedi defnyddio ei ddefaid ef – heb ganiatâd – ar eu rhaglen. Daeth yr ohebiaeth i ben ar ôl i mi dderbyn llythyr cyfreithiol a bil!

> Boncan Fowr Farm,
> Llan Ffestiniog,
> Nr. Ffestiniog.
> N. Wales.
>
> Annwyl Syrs,
> Gair byr i'ch warnio bod y defaid yn nwylo fy nhwrna.
> Mi nabyddes i nhw, o do. Ac os 'dach chi'n credu y cewch chi getawê efo dwyn fy mhraidd o lethrau'r Moelwyn, eu cario nhw i lawr i rwla pell fel Cwm Rhondda neu unrhyw dwll tin byd arall, eu sodro nhw ar gornal stryd ac yna eu dangos nhw - a hynny'n hollol blatant a digywilydd - ar y telefision, mi fasa'n well i chi feddwl eto. Y ffasiwn wynab! A lle maen nhw rwan? Y? Yn crogi mewn siop fwtsiar yn Nhreorci neu Donypandy debyg iawn a'r hen betha Sowth yna'n cael leg ar ddydd Sul a chitha'n pocedi'r pres.
> A sôn am grogi, mi gafodd gwell dynion na chi eu crogi am ddwyn defaid salach na fy rhai i erstalwm. Bring back the death penalty ddeuda i!
>
> Yr eiddoch yn llawn dicter,
>
> William Morgan.

UNGOES, MAMOG a JONES
Cyfreithwyr a Chomisiynwyr llŵon.
Swyddfa: Tŷ'n y Fuwch, Alltcocybantam, Shîr 'Berteifi. W. (01239) 999999/999999

Br. William Morgan,
Boncan Fowr Farm,
Llan Ffestiniog,
Nr. Ffestiniog,
N.Wales.

Hydref 28ain, 1998

Annwyl Mr Morgan,

MORGAN v HUGHES a WYN
PAR Defaid crwydrol pêêêêêêêêll

Anfonwyd copi o'ch llythyr atom gan ein cleientau y Mri Vaughan Hughes ac Eirug Wyn. Yr ydych yn siwr o fod yn deall fod y cyhuddiad a wneir yn eich llythyr yn un difrifol tu hwnt, a phe bai hyn yn cael ei ledaenu y byddai'n dwyn anfri ar bersonau sydd yn ddilychwin eu cymeriadau, yn uchel eu parch o fewn y diwydiant teledu Cymreig, ac yn ddau enaid hoffus tu hwnt.

Mae eich llythyr wedi'u brifo i'r byw, ac ers ei dderbyn mae'r ddau wedi bod yn dioddef yn arw o boendod meddwl, ac wedi mynd yn greaduriaid mewnblyg, trist a nerfus.

Mewn teirawr o artaith feddyliol, fe gollodd Mr Hughes ddeuddeng stôn ac yn ei wewyr fe faglodd ar wifren ei deledu lloeren gan beri niwed difrifol,nid yn unig i'w set deledu ond hefyd i'w dwll-mewnbynol, sydd fel y deallwch yn gostus aruthrol i'w drwsio. (gweler amg).

Yn hollol an-nodweddiadol o ddyn capel, fe syrthiodd Mr Wyn i grafangau'r ddiod feddwol, ac mewn un ugain munud anffodus neithiwr fe gollodd ei drwydded yrru, ei wraig, ei swydd fel blaenor a'i wyryfdod i ferched Tîm Rygbi Maesgeirchen. Mae'n awr mewn ward breifat yn Ysbyty Dr Alun Ay (y drws nesaf i Glwb Rygbi Maesgeirchen).

Fe'ch gwahoddwn ar eich union:-
    (i) i ymddiheuro trwy lythyr i'r Mri Hughes a Wyn.
    (ii) i gyfrannu £25,000 i elusen o'u dewis
    (iii) i dalu am hysbysebu'n eang eich edifeirwch.
    (iv) i ymrwymo i beidio ac ail-adrodd eich ensyniadau celwyddog.

Yr eiddoch yn gywir,

M. O'Haran

TEYRNGEDAU'R BEIRDD

EIRUG

Y sigâr a'r leins gwirion,
y pôs a'r sbecs Alcapôn
efo'r wedd 'wastad-ar-frys'
a'r pâr o geir pwerus
a'i ofal rhag byhafio
oedd ei siwt gyhoeddus o.
Eirug, llwy bren ac arab;
styrar, rôg, ffleiar a strab.
Dôi coban Cynan o'r cês
i ganol ei stomp gynnes;
gwnâi hi'n big i bwysigion
mawr eu rhech y Gymru hon,
yn ddihareb o dderyn,
eto'n fwy hurt na fo'i hun.

Un arall oedd yr Eirug
'garai iaith y mynydd grug,
corlannau llyfrau a llên
a lleuad pell o awen:
un arall, oedd yn gallu
mwy na dweud am wyn a du;
nid achwyn cam na fflamio –
y gwneud oedd ei fegin o.

Un 'heneiddiodd flynyddoedd
i roi gwas i'w Gymraeg oedd,
gwas nad oedd ei siop ar gau,
gwas a losgai i'w heisiau,
gwas y canhwyllau bach gwyn
a gwas a droai'n gêsyn
er ei mwyn hi, i roi mwynhad
i eraill ddal i'w siarad.

Y gwanwyn hwn – a gwae ni
â gwanwyn heb ddrygioni
na direidi drwy'i redyn –
mae 'na dwll, un mwy na dyn;
wedi storm ei berfformans,
yr arab a mab y mans,
rhown eiriau'r iaith a rhown rug
Eryri dros dir Eirug.

              Myrddin ap Dafydd

UN YN EISIAU O NOSON
(Y Stomp, 2004)

Yn dafod diedifar,
Yn go' hil, yn Jaguar,
Yn llond bar, yn ddihareb,
Yn Fan U, yn ofan neb,
Yn wig o wallt, yn wisg wen,
Yn hwyl ar bob tudalen.

Mab y mans â'r ceir ffansi,
Hen waedd ein cydwybod ni,
Yn dad gwych, yn frawd a gŵr,
Yn nofelydd, yn filwr,
A Ffilmiau'r Bont yn pontio
Y ddau fyd oedd ynddo fo.

Yr huotlaf Herr Hitler,
'R un un â'r entrepreneur,
Yn Saddam ymhob un stomp,
Yn eirboeth yn ei fawrbomp,
Yn fwy diniwed wedyn
Heb un llais ond Robin Llŷn.

Derec Tomos y ffosydd
Yn Nhref Wen y Gymru Fydd,
Y Queen Mum a'r hen ddymi,
Syber ei wedd ymhob sbri,
Yn y cof eto'n llond ceg,
Yn biws yn ei Bowyseg.

Cowboi oedd, y cowboi iaith,
A arweiniai yr heniaith
Ar drec hir dros dir ei dad
Hyd Westerns pob gwrthdystiad.
Yn salŵn ffilms eleni
Wyatt Earp i'w harbed hi.

Un ifanc mewn gwisg afiach,
A than y wisg chwerthin iach.
Yn ei boen fe welai'r byd
Yn fwyfwy digrif hefyd,
Yn ei loes fel welai o
Y comic yn y *chemo*.

Dyn arcêd stondinau'r cae,
A dyn y bathodynnau,
Ffeiriau haf yr Awstiau ffraeth,
Y 'D' a'r farsiandïaeth.
Yn foel neu yn benfelyn
Hyn i gyd oedd Eirug Wyn.

                    Idris Reynolds

I EIRUG

Bu'r holl law yn wybyr Llŷn
Ar y gwydyr, ac wedyn

Doedd ond un diferyn, fel
Rhyw gwch rhwng creigiau uchel.

Gwelais o'n bwrw'r gwaelod,
Nes iddo beidio â bod,

A gwylio bûm ei dreigl byr
Yn drist, heb weld yr ystyr…

Clywais y noson honno
Farw un fu'n diodde'n y Fro;

Roedd hwn wedi ymryddhau
Hefyd oddi wrth y rhwyfau.

Twm Morys

LLWYBR
(I gofio Eirug)

Ym mhen ei daith, mwy na dyn
A roed yng nghlai Brynrodyn;
Arwr hy' gwrthod yr 'L',
Yr arabedd o rebel,
Gŵr difyr y gair deifiol,
Her ei lais yn llafn trwy lol.
Er troi adref o'i glefyd
Y mae ef gennym o hyd
Yn ebill ar gydwybod,
Mor lledfyw ein byw a'n bod,
Yn byw i Gymru am byth
Yn unswydd o unionsyth.

Nia Powell

Y GWLADGARWR

Yn awr y gad Eirug Wyn – fu wrol,
Fe heriai y gelyn;
Ond â'r glew yn rhodio'r glyn,
Pwy ddaw i'r adwy wedyn?

                Howard Huws

SEREN
(I Eirug Wyn)

Ar y groeslon hon heno - ac amau
Yn gymysg â choelio,
O'r ffordd aeth y niwl ar ffo -
Yr wyt mor llachar eto.

                Twm Morys/Mei Mac

STWFF Y STOMP
(Detholiad bychan o rai o'r cerddi a gyfansoddodd Eirug ar gyfer y 'Stomp')

Y CWÎN MYDDYR

2000
Mi ges i freuddwyd neithiwr
Rôl bwyta bechdan gaws
Fy mod i'n sefyll fy hun bach
Ar risiau Clarence House;
Yn canu baled newydd,
A hynny ar gerdd dant,
I ddathlu'r ffaith anhygoel
Fod yr hen g★★t yn gant.

Mae ynom oll rhyw ginc neu ddwy,
Ac nid eithriad monof i,
Ac os ca i jians i ddathlu
Fe'i gwnaf yn llawn o sbri.
Anghofiwch am Lywelyn,
Anghofiwch Dewi Sant.
Amgenach peth a ddathlwn –
Hwrê! Mae'r g★★t yn gant.

2001

Ynghanol Steddfod Dinbych
Heb unrhyw ffŷs na phomp,
Rhaid para â'r traddodiad
O sgwennu pill i'r Stomp,
A sdicio i'r un thema,
Sef pen-blwydd mam y Cwîn –
Hosanna, Haleliwia!
Mae'r g★★t yn gant ac un!

Mae mor heini ac mor ystwyth
Â draenog slwj mewn rêf;
A dim ond stwffio bys i'w thin,
Mae'n medru rhoddi wêf.
Mae ganddi gluniau plastig
A dim dant o'i heiddo'i hun,
Mwstash a llygad tsheni,
Wel – ma'r g★★t yn gant ac un.

Rhown glod i gwmni Gordons
A'u jin dros gyfnod hir
Am biclo jeriatrics
A'u cadw'n iach ac ir.
Os ydi hon yn cerdded
Fel ci wedi cachu'i hun,
Mae'n rhaid bod yn drugarog
A'r g★★t yn gant ac un.

2002

Ar silff yn Woolworth neithiwr
Rhwng y cowntar trôns a socs
Mi welais res o wyau Pasg
Pob un yn glyd mewn bocs.

A chriw o blantos cegrwth
Fel sowldiwrs yn y ffydd
Yn blysio cnoi'r llysnafedd brown
Pan ddeuai'r Trydydd Dydd.

A heddiw torrwyd newydd
A hynny jyst cyn chwech
Fod mam y cwîn ers teirawr
Wedi rhoi ei holaf rech.

Ochneidio'n drwm wnaeth henwyr
Ac wylo wnaeth hen grocs
Am weddillion ymerodraeth
A nain y wlad mewn bocs.

A phlantos hoff Deiana
A phartner Parker Bowles
Fel criw o soldiwrs cegrwth
Yn ceg-grynu yn Sant Pauls.

A phryfaid genwair Windsor
Yn edrych mlaen i'r dasg
O dderbyn eu bocs hwythau
Hefo uffarn o wy Pasg.

A finna yma mewn tei ddu
Yn araf ymdristhau
A sibrwd brawddeg i mi fy hun
"Fydd y g★★t ddim yn gant a dau".

SADDAM

Mi neidias i'r môr yng Ngogledd Irac
A nofio ar draws yr hen genlli
A glanio mewn deufis yn ymyl Pen Llŷn
Rhyw filltir i'r dehau o Enlli.

A thra roedd y Iancis yn chwilio Baghdad
A chreu yr holl helynt a'r llanast
Ro'n i yma'n cuddio yng Nghymru fach
Yn sgwennu colofnau i Barddas.

Wedyn mi ges i dair wythnos o waith
Efo Mansel Davies yn dreifio ei lyri,
A rŵan dwi'n meddwl rhoi f'enw i mewn
I fod yn Llywydd Plaid Cyri.

Oherwydd yr hyn sydd ar goll yn y Blaid
Yw ei bod wedi gadael y trac,
Ac os ddo i yn Llywydd mi ddaw popeth yn iawn
Jest fel o'n i'n gneud yn Irac.

Gan nad oes gen i ddim un mab ar ôl
Rhaid i mi gael dau gadfridog,
A'r bwriad yw dileu llyfrau pensiwn y wlad
A recriwtio Dafydd Iwan a Cynog.

Wedyn berwi Helen Mary mewn fyrjin oel
A rhoi lastig band am gwd Rhodri Glyn
Ac ail agor y pwll glo dyfnaf erioed
Yn sbeshial i gladdu Ieuan Wyn.

Swn i'n saethu pob Wesla, a Methodist cul
Pob Annibyn a phob eglwyswr crap
A gofyn i bawb ddod yn rhan o Islam
O dan y goruchaf Gwynn ap.

Pob ffrind Tony Blair a Rhodri gwallt Ceds
Gaiff ecsoset i fyny'i dwll din,
A dim ond am laff, 'swn i'n gneud yr un fath
I'r Archdderwydd Robyn Lleyn.

MWNCI NEL

(Canig yw hon ble mae'r gynulleidfa yn cymryd rhan. Bob tro y bydd y bardd yn codi cerdyn gyda'r geiriau arno, bydd y gynulleidfa yn gweiddi "Mwnci Nel!")

O'r Sywth o Ffrans i Timbyctŵ
O Bendeitsh i Hawaii,
Paham fod mwnci bychan
O hyd yn cael y bai?
A pham mae pawb mor barod
I bigo ar Nel o bawb?
Daeth hi a'i mwnci bychan
Yn destun sen a gwawd.

Os ydi vindaloo y Ghandi
Yn llosgi cegau rhai,
Be maen nhw'n weiddi bron bob tro?
"[MWNCI NEL!]" Fo sy'n cael y bai!

Ac fe gofiwch chi Jeneral Custer
A'r Indiaid o'i gylch yn ymhel?
Be waeddodd y cythral nerth esgyrn ei ben
hefo saeth drwy'i ben ôl? – "[MWNCI NEL!]"

A chapten yr enwog Deitanic?
Pan drawodd ei long lwmp o iâ?
Be waeddodd hwnnw fel roedd o'n mynd lawr?
"[MWNCI NEL!] Mae wedi ta-ta!"

A phan ddaeth Prins Tshâls i'w arwisgo
A phob plisman yn gwrando pob sill,
Fe restiwyd un ddynes o ardal Waunfawr
Am ddweud "[MWNCI NEL!] Mae o'n hyll!"

193

A phan ddeudodd gwraig Hywal Gwynfryn
"Hywal, dwi'n disgw'l y 10fed, del,"
Pa ddeuair a lithrodd dros wefus ei gŵr?
Dim byd. Dim ond "[MWNCI NEL!]"

[MWNCI NEL!] y creadur. Y fo gaiff y bai.
Hen elyn 'di hwn ac nid ffrind.
A chyn i mi gilio ac ista i lawr
Ga i ddeud, "[MWNCI NEL!] Dwinna'n mynd!"

CORON EISTEDDFOD YR URDD

Testun Cystadleuaeth y Goron yn Eisteddfod Genedlaethol Urdd Gobaith Cymru yn y Rhyl, ym 1974, oedd 'Dyddiadur Diwrnod'. Ffugenw'r enillydd oedd 'Ynni Arch', a thestun y dyddiadur oedd hanes dyn yn ystod diwrnod ei angladd ei hun. Dyma ran o'r hyn oedd gan y beirniad, Eigra Lewis Roberts, i'w ddweud am y gwaith :

'Gyrrwyd y gwaith hwn i'r gystadleuaeth rhwng cloriau a dorrwyd ar lun arch, [gw. y llun gyferbyn] ac wrth agor caead yr 'arch', gwelwn y dalennau tu mewn. Gwiriondeb sydd yma, ond dim ond llenor go ddawnus a fedrai beri inni dderbyn y fath sefyllfa â hon, a'i mwynhau.'

Y llenor hwnnw wrth gwrs oedd Eirug. Yn ail am y Goron yn y Rhyl gyda llaw yr oedd Mari, ei chwaer, ac yn drydydd? ...Eirug! Bydd rhai wedi darllen y gwaith eisoes, eraill wedi hen anghofio amdano, ac i'r rhai hynny ddaw ato am y tro cyntaf bydd yn ychwanegu at y darlun o Eirug fel llenor dawnus, crafog a phryfoclyd.

(Penderfynwyd cyhoeddi'r gwaith yn union fel yr ymddangosodd yng nghyfrol Cyfansoddiadau Llenyddol Buddugol Eisteddfod Genedlaethol Urdd Gobaith Cymru, Y Rhyl, 1974. Diolch i Adran Eisteddfod a Chelfyddyd Urdd Gobaith Cymru am roi eu caniatâd i ailgyhoeddi'r gwaith).

Rhif y Gystadleuaeth: 155
FFUG ENW: YNNI ARCH
Rhif Aelodaeth: 22048

Er Serchog gof am
Ynni Arch
(193?-197?)

"Hedd bythol Hedd"

ER SERCHOG GOF AM YNNI ARCH
(193?-197?)
"HEDD BYTHOL HEDD"

DYDDIADUR DIWRNOD
Ebrill 1af 197?
10.30 a.m.

Fe fûm i lawer gwaith yn ceisio dychmygu sut deimlad fasa fo, a phwy fasa yno, a bod yn hollol onest, ches i mo'm siomi chwaith. Ond dyw marw ddim yn fêl i gyd.

Dyma fora nghnebrwng a finna heb ddim gwell i'w wneud na sgwennu'n fy nyddiadur. Rydw i wedi bod yn gorfadd yma yn y parlwr ffrynt ers dyddia yn syllu ar y cracia yn y nenfwd, ac wedi hen laru yma. Dyna anfantais marw bora Gwener – mae penwythnos hir o flaen rhywun.

Chwara teg i Robin Saer. Fe ddaru o gynghori Leusa y basa fo'n beth da i sgriwio'r caead i lawr, gan fod corff marw yn naturiol yn mynd i ogleuo. Roedd Robin yn cadw i'w air ynglŷn â threfniada nghnebrwng i. Mae nhrefniant i efo Robin wedi'i wneud ers tua pedair blynedd. Ffrae wyllt yn y Crown ryw noson gychwynnodd y cyfan. Roedd na Ddarlithydd o Fangor wedi dweud yn rhywla yr hoffai gael ffenest yn ochr ei arch i weld pwy fyddai'n talu'r gymwynas ola iddo. Minnau'n taeru efo Robin na ellid byth lunio arch fel y gellid edrych allan ohoni, ond na ellid edrych i mewn. Yn y diwedd teflais ugian punt ar y bar, gan ei herio i lunio un i fy ffitio i. Bore trannoeth euthum i weld Robin gan obeithio cael fy arian yn ôl, ac anghofio'r cyfan, ond i Robin, bet oedd bet. Doedd dim troi nôl. Dridiau yn ddiweddarach roedd yr arch yn barod, a'r panel bychan wedi ei osod ynddi. Cyn ffarwelio â'm harian gorweddais ynddi. Roedd Robin cystal â'i air. F'unig gysur oedd, i Robin addo'r arch i mi pe bawn farw o'i flaen. A dyma fi'n gorwedd ynddi.

Hen arferiad annifyr ydy dod â phobl i weld y meirwon. Dim ond y perthnasa agosa, a rhai cymdogion busneslyd, gafodd y fraint o ngweld i yn fy mhurdab, ond mi faswn wedi rhoi'r byd am gael dychryn rhai ohonyn nhw.

Dyna i chi John y Mrawd, er enghraifft. Hen gythral cybyddlyd fuodd o erioed. Wedi ogleuo pres y munud yr ogleuodd o'r corff. Pe tai o wedi dod i'r parlwr ei hun, mi faswn wedi codi ar f'eistedd a wincio arno fo. A'r Mrs Richards fusneslyd na – gwraig y gweinidog – a'i dagra mor sych â phregetha'i gŵr.

Roedd hi'n tynnu at ddeg pan ddaeth Robin Saer a'i ddau gyd-ymgymerwr, Robat ac Elwyn, i'r tŷ. Bu Leusa ar ei thraed ers oria yn dystio caead yr arch nes oedd o'n sgleinio fel swllt gwyn.

"Fe awn ni ag o i'r hers yn barod Mrs Rhys, gan nad ydach chi'n dymuno cael gwasanaeth yn y tŷ," meddai Robin yn ei lais angladdol. Amneidiodd ar Robat ac Elwyn i ddod â'r ferfa ddur i'r parlwr. Agorodd Robat y ferfa, a theimlodd y ddau arall bwysau'r arch.

"Arglwydd mae o'n drwm!" meddai Elwyn. Y cythral bach, a finna wedi bod yn slimio ers deufis.

11.30 a.m.

Cadwyd fi yn y cyntedd am sbel, ac roedd hi mor dywyll yno fel na allwn sgrifennu. Ond dyma fi bellach yn yr hers.

Mae'r galarwyr yn y tŷ, ond fe fyddan nhw allan mhen ryw chwartar awr.

Fe ges i siwrnai weddol esmwyth o'r drws ffrynt i'r hers, er y dylai Robin fod wedi rhoi bloc o bren ar draws y rhiniog i leddfu'r jyrc. Llithrodd yr arch yn esmwyth ar y rholiau rwber i ben draw'r hers.

"Uffarn dân, mae o ffor rong hogia!" Tynnwyd yr arch allan, a throwyd hi, nes euthum i mewn â mhen yn gynta.

"Faint sy 'na i fynd eto?" gofynnodd Robin.

"Rhyw dri chwartar awr. Hei Robin!"

"Paid â gweiddi'r diawl gwirion."

"Sori, ond ddoth yr ail blât?"

"Naddo. Mae Sami Bach fod i ddod â fo cynted ag y gall Êl Now ei ailwneud o."

Y 'plât' y soniai'r tri amdano oedd y Plât Arch, sef darn hirsgwar o ddur gloyw, gydag enw a dyddiadau'r trancedig arno wedi'u paentio yn gelfydd. Hyd yn oed pan oeddwn yn fyw, fe fyddai rhywbeth yn bod ar bron bopeth gawn i, ac mae'n ymddangos mai felly y bydd hi o hyn allan hefyd. Roedd Êl Now wedi sgwennu'r plât cynta yn Saesneg. Pa obaith oedd i mi orwedd mewn hedd, a pheth felly yn sgriwedig i nrws ffrynt i?

Chwara teg i Leusa, mae hi'n gwybod *pryd* i sefyll dros yr Iaith.

Fe aeth y tri a ngadael i am ryw ddeng munud. Roedd hi'n boeth drybeilig yn yr hers. Rydw i'n difaru rŵan na faswn wedi gneud i Robin ddrilio tylla yn y caead i mi gael aer, ond mae hi'n rhy hwyr rwan.

Gwthiais y panel yn ôl, a gwelwn rai o'r galarwyr drwy ddrws ffrynt y tŷ. Y rhan fwya yn ddwys a distaw, ambell un yn chwerthin. Y bl... Clywais wich y tu ôl i mi.

Gwyddwn heb edrych mai beic Sami Bach oedd yno, wedi cludo'i berchen (a'r ail blât) ar wib o dŷ Êl Now. Daeth Robin o rywle.

"Be newch chi heb sgriws a sgriwdreifar Mistar Ifas?"

"Fe fydda i bob amsar yn cario rhai efo fi weldi."

Oedd, roedd Robin yn rêl saer. Sgriwdreifar yn ei bocad frest, a hannar dwsin o sgriws yn ei bocad din.

"Oedd hwn yn un o'r Welsh Nashynals dwch?"

"Shd. Paid â gweiddi cymaint Sami Bach, mae'i frawd o fancw. Ond pam ti'n gofyn?"

"Dad odd yn deud ma'r rheswm oeddach chi'n newid y plât, oedd ofn i'w ffrindia fo baentio'r llall yn wyrdd."

Petai'r caead heb ei sgriwio, mi faswn wedi codi a rhoi uffarn o beltan i Sami, a'i chyfeirio hi i nymbar sefn i setlo'i dad. Roeddwn i'n gwingo pan estynnodd Robin ugian ceiniog i Sami a dweud,

"Fe ddylsat ti ddiolch i hwn Sami, dyma'r tro cynta i ti gal pedwar swllt am un boi. Rŵan brysia adra cyn i'r bobol gychwyn am 'u ceir."

Caeais y panel bychan a setlo'n ôl. Doedd dim gobaith gen i sgwennu rhagor. Roedd Robin Saer wedi dringo i sedd y gyrrwr.

2.15 p.m.

Dyma fi bellach yn gorwedd mewn hedd, a thomen o ddaear gleiog Eryri yn gwasgu ar fy nôr. Rydw i'n ddiolchgar nad ydw i'n un o'r rheini sy'n diodde o glawstroffobia, neu mi faswn yn gelain ers oria!!

Fe fu'r siwrnai o'r tŷ i'r fynwent yn un digon anesmwyth a blêr. Fe fues i mewn modurgad wedi ei threfnu'n well gan Gymdeithas yr Iaith, ac mae hynny'n ddweud mawr! Pawb yn cael eu gwahanu yn Groeslon Tŷ Mawr, a Robin Saer yn llithro'r gafel yn llawer rhy chwyrn.

Roedd y tri ohonyn nhw yn cracio jôcs am y sŵn a ddeuai o'r echal ôl. Bu bron i mi â gweiddi "Ha, ha, b..... ha" arnyn nhw, a dweud y gwir ro'n i bron marw isho gwneud hynny.

Wedi rhyw ddeng munud o deithio arafu-aros-cychwyn, daeth clwydi enfawr Macpela i'r golwg. Teimlais yr hers yn arafu, ac agorais y ffenest fach yn ochr yr arch.

Roeddwn i wedi synnu braidd gweld cymaint o bobol yno, a phawb yn barchus yn ei ddu.

Robert Jones, Llety Llwyd, na wisgodd siwt ddu ers claddu'i wraig gryn ddeng mlynedd yn ôl, ac na wnaiff o byth eto chwaith – tan y cnebrwng nesa. Ffrae iawn ges i efo fo y tro dwetha i ni dorri gair. Roeddwn i'n ffansïo fy hun yn dipyn o arddwr, a'r unig beth a'm rhwystrai rhag cnwd da o lysiau bob blwyddyn oedd defaid Robert Jones. Roeddwn i wedi gofyn iddo gryn bythefnos yn ôl am dalu iawn i mi am y letys a gafodd ei ddefaid i swper ryw noson. Gwrthod yn bendant a wnaeth, gan fy herio i brofi mae'i ddefaid o oedd yn euog. Os bydd ei gydwybod yn ei bigo y pnawn ma, fe rydd o leia bunt ar y llestr danfon ac fe gaiff Leusa lawer gwell letys nag a gafodd ei ddefaid o!

John y Mrawd. Mor sych a chaled ag erioed. A'r un mor gybyddlyd. Dyna'r siwt a'r tei oedd ganddo yn fy mhriodas i, ac yn angladd fy nhad a mam. Ei law yn ei boced drwy'r amser – rhag ofn iddo golli rhywbeth efallai. Fformaliti iddo oedd y cnebrwng. Darllen y wyllys oedd seremoni bwysica'r dydd iddo fo. Y fo oedd isho gwerthu Hafod y Llys ar ôl i'n rhieni farw, a rhoi'r arian at y gweddill yn y banc a'u rhannu'n gyfartal. O'r diwedd dyma daro bargen. Roedd John i gael yr arian, a finna i gael y tŷ. Rydw i'n ei gofio'n rhuthro acw ryw noson a'i wynt yn ei ddwrn.

"Gareth nei di werthu Hafod y Llys i mi am bedair mil?"

"Pam neno'r tad?"

"Mae gen i gwsmar."

"Faint mae o'n fodlon ei roi?"

"Pedair a hannar."

"A ti'n cael dim ond pumcant?"

"Wel..."

"Pwy ydy'r cwsmar?"

"Mejor Roberts-Thomas."

Wedi cael y stori'n gyflawn, roedd rhyw ffrind i'r mejor wedi cynnig deng mil i mrawd am y tŷ gan feddwl ei fod yn dal yn hanner-perchen.

Isel iawn oedd ysbryd John yn mynd adre'r noson honno. A hyd heddiw mae ofn ganddo na chaiff ddim ar fy ôl. Tyrd ti i'r darllan ngwas i ac fe gei di dy geiniogau – hannar cant ohonyn nhw.

Bu bron i mi gnocio ffenest fy arch yn fy llawenydd pan welais i Sliwan a Dai. Doedd hogs y Col ddim wedi f'anghofio wedi'r cyfan. Os oedd siwt yn ddiarth i Robert Jones, roedd yn elyn i Sliwan a Dai. Edrychai'r ddau fel dwy wennol yn barod i fudo. Fe fuo ni'n cellwair llawer ar ein gilydd yn y Coleg y basa dau ohona ni'n cael y fraint o chwerthin a jocian yn angladd y llall. Yn ôl pob golwg, roedd y ddau yn cadw at eu gair. Ond chwarae teg iddyn nhw, roeddan nhw hyd yn oed wedi golchi tu ôl i'w clustia, ac mae hynny, siŵr o fod, yn arwydd o barch.

Fe ges i gip ar Robaits y Stores hefyd. Ei geg greulon yn un llinyn main. Doedd dim llawer o ôl galaru arno. Dim ond wedi picio draw i atgoffa Leusa i mi fod yno'r noson cyn marw yn prynu plastars a TCP ar y nefar nefar siŵr o fod.

Fyddai 'run cnebrwng yn gyflawn yn y pentra heb gysgod hebogaidd Sarjant Tomos yn hofran uwch y lle. Wedi dod i weld fy mod i'n cyrraedd pen fy nhaith heb ddianc siŵr o fod. Fe'm hebryngodd i'r llys lawer gwaith, a'i bump yn gwasgu fy mraich. Dyn â bysedd creulon os bu un erioed. Pe bai gen i fwy o le, mi godwn ddau arnat ti yr hen gono.

Ches i fawr o amser i sylwi ar y gweddill, oherwydd fe fu'r siwrnai o'r hers i'r bedd yn rhyfeddol o sydyn. Efallai i'r ffaith iddi daflu cafod frysio'r gweithgareddau mlaen, ond y peth dwetha gofia i oedd gweld wyneb gwelw Leusa, a phum troedfedd o bridd yn rhuthro heibio'r ffenest. Yna cnoc… cnoc… cnoc… y pridd a'r clai a'r cerrig yn taro top yr arch.

11.30 p.m.

Roeddwn i wastad wedi meddwl mai dyna'r olygfa ola welwn i, ac y byddwn o hyn allan yn setlo i lawr i ryw gwsg melys-freuddwydiol hyd dragwyddoldeb, ond cyn pen hanner awr clywn, neu'n hytrach teimlwn, rhywun y tu allan i'r arch. Daeth llais mewn Cymraeg gloyw o'r ochr arall i'r caead.

"Cyfod gyfaill, canys yr ydym yn disgwyl amdanat."
"Pwy sy na?" meddwn inna'n grynedig.
"Samuel Evans. 1861-1907."
"Pwy?"
"Cadeirydd y Pwyllgor Croesaw."
"Pwyllgor?… Croeso?"
"Ie. Tyred, mae eiddgarwch am dy weled."

"Ond sut? Mae na hannar tunnall o bridd a cherrig ar y mhen i."

"Cau dy lygaid. Fe gei di weld sut."

Caeais fy llygaid a cheisiais godi. Gallwn sefyll yn hawdd. Cerddais yn rhwydd drwy'r pridd ar ôl Samuel Evans. O'm blaen gwelwn nifer o bobl wedi ymgynnull. Trodd Samuel Evans ataf,

"Gareth Rhys, wele feirwon dy fro, y rhai nad aethant eto'n ôl i'r byd."

Eglurwyd i mi fod pob un yn cael cyfle yn ei dro i ddychwelyd i'r ddaear bob tro y clywid fod genedigaeth yn y fro. Roedd hyn yn anhygoel! Roedd cant a mil o gwestiynau ar flaen fy nhafod, ond ni ddeuai geiriau'n hawdd. Gwelodd Samuel Evans fy mhenbleth a gwenodd yn garedig,

"Dos yn d'ôl i'th fedd gyfaill, deuaf atat maes o law i egluro'r sefyllfa itti."

Trois yn f'ôl mewn breuddwyd. Mynd nôl i'r ddaear!

Doedd marw ddim cynddrwg â hynny! Sefais ennyd.

"Lloyd Williams?" gofynnais, "ydy o yma?"

Edrychodd rhai ar ei gilydd. Gwenodd eraill. Yna dechreusant chwerthin. Edrychais ar Samuel Evans mewn penbleth.

"Pam y gofynni?"

"Y fo a nhaid gychwynnodd y Mudiad Cenedlaethol yn y fro."

"Dychwelodd i'r ddaear gryn ddeugain mlynedd."

"Fel pwy?"

"John dy frawd."

Llewygais. Cefais fy nghario nôl i'r bedd. Bûm am oriau yn dod ataf f'hun. Ac yn awr dyma fi wedi cwblhau sgrifennu hanes dydd fy angladd. Dwn i ddim a fydd rhywun, rhywbryd, yn darllen yr hanes hwn. Os bydd, gall fod yn sicr fod Gareth Rhys wedi dychwelyd o gaethiwed ei fedd, i'r ddaear fel

?

**Rhai o lyfrau Eirug Wyn
(cyhoeddwyd gan Y Lolfa)**

Y Drych Tywyll a Storïau Eraill (1992)

Jiwbilol (Gol.) (1992)

Smôc Gron Bach (1994) *Enillydd Gwobr Goffa Daniel Owen*

Lara (1995)

Elvis: Diwrnod i'r Brenin (1996)

United! (1996)

I Ble'r Aeth Haul y Bore? (1997)

Blodyn Tatws (1998) *Enillydd y Fedal Ryddiaith*

I Dir Neb (1999)

Hogia'r Milgi (1999)

Tri Mochyn Bach (2000) *Enillydd y Fedal Ryddiaith*

Powdwr Rhech (2001)

Bitsh! (2002) *Enillydd Gwobr Goffa Daniel Owen*

Y Dyn yn y Cefn Heb Fwstash (2004)

Am restr gyflawn o lyfrau'r wasg,
mynnwch gopi o'n Catalog
newydd, rhad – neu hwyliwch i
mewn i'n gwefan

www.ylolfa.com

i chwilio ac archebu ar-lein

yLolfa

Talybont, Ceredigion SY24 5AP
e-bost ylolfa@ylolfa.com
gwefan www.ylolfa.com
ffôn 01970 832 304
ffacs 832 782